247 Plantas curativas

para Menores de 12 años

(con 981 posibles remedios)

Recopilado y escrito por:

José Enrique Centén Martín

Depósito legal: M-005116/2018

Imagen de portada: JECM

Dedicado a mi nieta, hijos y sobrinos:

Livia, Teodora, Víctor Nike, Séfora, Andrea,

Víctor, Verónica, Esther y Sonia

La génesis

Qué mejor que los alimentos para curar o curarnos, es lo que plasmo en este libro sobre remedios naturales para Menores de 12 años, surgió por un problema particular, las vegetaciones en un bebé, vegetaciones que la hacían descansar mal siendo notoria la falta de sueño en la criatura. Consultando a especialistas sobre este problema empezaron las dudas, la pediatra de una Sociedad Médica aconsejó operar, optamos por una nueva consulta pediátrica para confirmar lo aconsejado y optamos por la Seguridad Social. La doctora de la Seguridad Social desaconsejó la operación por ser de anestesia total, y de tan corta edad la niña, nos comentó que eran defensas, recomendó esperar antes de pasar por quirófano dado que habitualmente, entre los 5 y 8 años desaparecen las vegetaciones. Mientras tanto nos aconsejó mantener por la noche un grado de humedad óptimo para el aliviar las vegetaciones, dado que es perjudicial los ambientes secos.

Seguimos este segundo consejo y a su vez decidimos buscar un remedio natural, en esa búsqueda se abrió un enorme abanico de plantas y remedios contra enfermedades y dolencias comunes, hasta que dimos con la que podría ser la idónea para las "Vegetaciones", resultó ser muy eficaz, al cabo de 2 semanas el descanso de la niña mejoró al aliviarse el respirar por la boca y casi desaparecer la ronquera. A los dos meses se acabó el problema, aunque en periodos de invierno o algún resfriado, se vuelve a la rutina, pero espaciado en el tiempo o realizándolo una vez por semana.

Siguiendo la máxima de Hipócrates de Cós (460 - 370 a.n.e.), y dado que en los más pequeños es difícil en muchos casos la ingesta de la farmacopea recetada, rechazada por sistema, y como todos alguna vez hemos tomado tisanas o infusiones recomendada por familiares y ancestros, me aventuré en escribir un libro, pero no solo remedios a base de hierbas, he sido más ambicioso y opté por todo tipo de plantas conocidas y desconocidas, en total 981, muchas con grandes beneficios para nuestra salud, pero sin saber aprovecharlas eficientemente, espero que este libro con sus plantas sea un Remedio para los problemas que padezcamos, dado que para cada dolencia hay varias propuestas y difícilmente alguna no nos irá bien.

Presentación

"Que la comida sea tu alimento y el alimento tu medicina"

Este monográfico es parte del libro 8256 de Remedios Naturales un compendio de 801 plantas, para las 170 dolencias más habituales del cuerpo humano, **remedios, no panaceas universales,** capaces de aliviar las distintas dolencias que padecemos. Las plantas que se describen las proporciona el entorno en los distintos continentes, pero están al alcance de todo el mundo debido a la globalización comercial.

Muchas por cotidianas pueden sorprendernos su utilidad al ser desconocidas por la mayoría de las personas, otras las consumimos sin saber el alcance del beneficio que nos podría aportar si las utilizáramos con fines curativos o preventivos. Incluyo para los remedios el **Agua, Cáscara y Clara de huevo,** por ser de uso cotidiano en todos los hogares. También he añadido **el Crémor tártaro y el Polen** derivados de plantas, pero con evidentes beneficios. Se ha realizado un apartado concreto: **Edulcorantes,** necesario en los remedios al ser beneficioso para utilizar en lugar el azúcar refinado común que no aporta ninguno.

Con este libro pretendo dar a conocer más profundamente el valor de cada planta, y en algunos casos me he sorprendido por tenerlas nuestro derredor, que utilizadas de forma racional podemos tener una vida más sana y saludable e incluso preventiva contra posibles males mayores.

Son remedios de uso popular en un principio, pero ampliamente contrastados, remedios de plantas desconocidas en su valor, y posiblemente habituales en nuestro entorno o de uso cotidiano sin saber sus beneficios terapéuticos, muchas de ellas se encuentran en el resto del mundo cultivadas o como invasivas debido a una climatología similar.

Las 247 plantas aquí incluidas entre árboles, flores, frutos, hierbas, hortalizas, legumbres, semillas, verduras..., **se pueden encontrar en múltiples formas de consumo:** seca o fresca, esencias, jarabes, en preparados específicos como pomadas, tinturas, extractos secos o líquidos. En cada planta se describe la existencia de **posibles contraindicaciones con enfermedades e interacciones con medicamentos** que se estén tomando en ese momento, siendo necesario **tener en cuenta** a la hora de consumir.

También las plantas pueden ser utilizadas mezcladas siendo para la misma utilidad, para potenciar una dolencia específica, otras, aunque sin ser del mismo valor ni contraproducente pueden para enmascarar sabores, sobre todo en los más pequeños, siempre reacios, tres que no suelen fallar son: la **Menta piperita, Canela** o la **Vainilla** (con una gota de cualquier preparado de vainilla es suficiente).

En la utilización de las plantas descritas deben de vigilar especialmente su consumo: las embarazadas, lactantes, menores de 3 años y aquellas personas con diabetes, hepáticas, hipertensas, hipotensas, con enfermedades crónicas, o medicándose para cualquier otra dolencia.

Las plantas en muchos casos pueden potenciar a los fármacos que estemos tomando o ser preventivas para distintas dolencias. **Nunca se debe sustituir un fármaco por una planta, también se debe vigilar con la ingesta de antibióticos, hay plantas que pueden hacer disminuir el poder de absorción de estos, acción que puede hacerlos ineficaces.**

Dolencias con número de remedios

Cuando elijamos cualquier remedio en la dolencia que podamos padecer, siempre es conveniente leer la descripción de la planta para asegurarnos de posibles contraindicaciones o interacciones con medicamentos que se esté tomando. A considerar que algunas plantas podrían producir diferentes molestias, se debe tener en cuenta para no alarmarnos.

Menores de 12 años

Nunca sustituir la medicación por los remedios naturales. Estos remedios son de apoyo, **siempre hay que consultar con el Pediatra.**

Afecciones bucales - Dientes/Encías

Los más pequeños son muchas veces **reacios a beber infusiones, por su sabor,** pero se pueden enmascarar con menta, una gota de Vainilla o cualquier edulcorante agradable a su paladar (ver siempre posibles contraindicaciones o interacciones).

Existen en el mercado edulcorantes o siropes de diferentes plantas medicinales, elegir los de mayor pureza. **Para evitar problemas de caries** al utilizar infusiones ingeridas, se aconseja si se desea endulzar, el utilizar cualquiera del apartado de **Edulcorantes.**

Recomiendo edulcorantes de bajo poder glucémico, **menos del 5%, para los menores, personas diabéticas, con dietas o con problemas de colesterol,** y preferiblemente **el azúcar de Abedul de 0,2% y la Stevia, sin nada de azúcar,** aunque de un ligero sabor a regaliz.

- **Achiote,** en **inflamaciones de boca** tomar una infusión con un manojo de achiote y una cucharada de postre de Jengibre, hervido en un litro de agua, hacer enjuagues cada 8 h. como mínimo, ver **descripciones plantas.**

- **Agrimonia,** la infusión **en enjuagues** ayuda a la sanación de **inflamaciones en la boca.** Se realiza hirviendo 100 gr. de hojas y flores secas en un litro de agua, reposar y utilizar **sin edulcorar,** ver **descripción de la planta.**

- **Aloe vera,** mascar un trozo de rama/hoja puede eliminar algunas manchas en los **dientes y blanquearlos,** favorecer la buena salud de las **encías.** Combate **el sarro** masticando un trozo durante unos minutos, varias veces por semana. Masticar o poner un trozo en la **muela para** evitar los dolores, ver **descripción de la planta.**

- **Árbol de Tilo,** hervir una taza de agua con un puñadito de sus flores, o unas 6 hojitas en su defecto. Reposar 5 minutos, colar y utilizar para **enjuagues** o en gargarismos antes de acostarse, **sin edulcorar,** ver **descripción de la planta.**

- **Asafétida,** un trozo mezclado con jugo de limón hace maravillas **para el dolor de muelas,** ver **descripción de la planta.**

- **Azafrán,** un concentrado de azafrán con agua en uso tópico y aplicado en las **muelas** causa alivio; también es bueno para los problemas de **dentición** en los niños. Sus componentes ayudan a prevenir o curar **llagas en la boca,** realizando enjuagues o "buches", ver **descripción de la planta.**

- **Bergamota,** el aceite diluido o la infusión, por sus sustancias antimicrobianas se utiliza **en enjuagues** contra cualquier **infección bucal,** ver **descripción de la planta.**

- **Bistorta,** la infusión se utiliza para las **inflamaciones bucales** en enjuagues, ver **descripción de la planta,** formas de uso **VII y IX.**

- **Cálamo aromático,** masticando sus raíces frescas combate y reafirma **las encías** sangrantes, el mal aliento o halitosis, ver **descripción de planta.**

- **Caña de azúcar,** el jugo es eficaz contra **las caries** debido a su alto contenido de minerales. Beber un vaso de jugo de caña de azúcar fresca puede conseguir **los dientes** blancos y brillantes, ver **descripción de planta.**

- **Cariofilada,** en enjuagues para apretar las **encías** sanguinolentas y para sujetar los **dientes y muelas** movedizos, ver **descripción de la planta, forma de uso VII (2).**

- **Castaño,** para fortalecer **los dientes**, ver **descripción de la planta, formas de uso VII (1 y 3).**

- **Castaño de Indias,** la infusión de sus hojas mejora procesos de gingivitis y **dientes** (en enjuagues **sin endulzar**). En pastillas **la dosificación equivaldría a dos cápsulas al día (ver prospecto)**, ver **descripción planta.**

- **Clementina,** fortalece **las encías** en caso de gingivitis, ver **descripción de la planta.**

- **Cola de caballo,** en enjuagues combate el sangrado de **encías y la gingivitis**, ver **descripción de la planta,** forma de uso **VII.**

- **Fresal,** la infusión ingerida de sus hojas y raíces para **inflamaciones bucales, encías, gingivitis**, ver **descripción de la planta.** forma de uso **VII.**

- **Gatera,** mascando la planta alivia se el **dolor de muelas**, ver **descripción de la planta.**

- **Gatuña,** la infusión para enjuagues y gargarismos, **sin edulcorar** y templada, se utiliza contra las **estomatitis e inflamaciones de la boca**, ver **descripción de la planta,** forma de uso **VII.**

- **Gayuba,** la infusión de sus hojas en enjuagues o gargarismos, **sin edulcorar**, se utiliza para combatir **inflamaciones bucales**, ver **descripción de la planta.**

- **Geranio,** la infusión en enjuagues para **afecciones bucales**, ver **descripción de la planta,** forma de uso **VII.**

- **Gladiolos,** su rizoma **fresco** se utiliza para **desinflamar y aliviar el dolor de las encías de los niños durante la dentición**, ver **descripción de planta.**

- **Granado,** los enjuagues de la infusión con la piel (interior) seca, pueden ayudar a prevenir problemas como **caries**. Reduce el **sarro** de la placa dental con efectos antibacterianos. En la India se usan las partes blancas y amargas de la granada como ingredientes en dentífricos naturales. En **las encías** ayuda a prevenir problemas como periodontitis o gingivitis, ver **descripción de la planta.**

- **Hidrocotyle,** la infusión ingerida y en enjuagues **(para mayores de 6 años),** es eficaz para tratamiento de la periodontitis crónica, **sin edulcorar,** en **dientes y encías**, ver **descripción de la planta.**

- **Higuera,** la infusión **realizando buches** con media hoja de higuera se utiliza contra las inflamaciones de las **encías, gingivitis y la piorrea** (tibia realizar buches en caso de encías inflamadas o preparar un té agregando limón, canela, o mezclando con otro tipo de té). También para las **neuralgias y el dolor de muelas**, ver **descripciones de las plantas.**

- **Hipérico,** la infusión ingerida o en gargarismos se utiliza para las **infecciones bucales, dentales.** También se puede utilizar **polvo encapsulado,** ver **descripción de la planta,** forma de uso **VII (1).**

- **Jengibre,** contra el **dolor de muelas,** cortar un trocito de raíz y masticar en la zona del dolor, notará un gran alivio, ver **descripción de la planta.**

- **Lichi,** su consumo se utiliza para **aliviar la boca seca y mantener** las encías sanas, ver **descripción de la planta.**

- **Llantén mayor,** la infusión se utiliza en **enjuagues para las afecciones bucales cura las heridas de la boca y encías**, ver **descripción de la planta,** forma de uso **VII.**

- **Malvavisco,** los **extractos** de raíz son utilizados como enjuague bucal para tratar las **inflamaciones,** y en la **primera dentición** para reducir la irritación, ver **descripción de la planta.**

- **Manzana,** para las **grietas en los labios,** preparar 100 gr. de manzana ralladas y se añade 100 gr. de mantequilla, aplicar sobre las grietas durante la noche, ver **descripción de la planta.**

- **Maracuyá,** su consumo interviene en la formación de colágeno, beneficioso para el **fortalecimiento dental,** ver **descripción de la planta.**

- **Martagón,** la infusión ingerida o en uso tópico (enjuagues), así como la tintura tienen efectos sedantes y analgésicos, para el dolor de origen diferente **en dientes y muelas,** ver **descripción de la planta.**

- **Mastuerzo,** la infusión o decocción en enjuagues, para las **aftas, úlceras, e inflamaciones,** ver **descripción de la planta,** forma de uso **VII.**

- **Mirto,** en enjuagues **(mayores de 6 años),** se utiliza en las **afecciones bucales** para **estomatitis** aftosa recurrente **(RAS),** trastorno doloroso. También para para la **ulcerativa de la cavidad** oral por causa desconocida, ver **descripción de la planta,** forma de uso **VII.**

- **Nogal,** la infusión de sus hojas combate y previene **llagas bucales,** ver **descripción de la planta,** forma de uso **VII.**

- **Nogal americano,** la corteza mascada posee poderosas propiedades astringentes alivia los **dolores de muelas.** La infusión de ella **en uso tópico** se utiliza para el **tratamiento** del **herpes labial,** ver **descripción de planta.**

- **Orégano,** la infusión en **enjuagues y locuciones** para los **problemas bucales, encías,** y **tipo de odontalgias, dolores de dientes y muelas,** ver **descripción de la planta,** forma de uso **VII.**

- **Ortiga muerta,** la infusión de la raíz en enjuagues, **sin edulcorar,** se utiliza para **las encías** en caso de **gingivitis,** ver **descripción de la planta.**

- **Palo colorado,** se usa en gargarismos y enjuagues, **sin edulcorar,** para mejorar **las llagas, heridas bucales, encías,** ver **descripción de la planta,** forma de uso **VII.**

- **Roble albar,** la infusión en gargarismos como antiséptico, se utiliza para las **encías,** y en colutorios para combatir la **gingivitis,** ver **descripción de la planta,** forma de uso **VII.**

- **Sanguinaria del Canadá,** la infusión actúa **contra las caries en enjuagues,** ver **descripción de la planta,** forma de uso **VII.**

- **Sanícula,** la infusión en gargarismos o enjuagues combate las **inflamaciones bucofaríngeas, gingivitis o encías sangrantes,** los **abscesos dentales, y en labios las molestas aftas,** ver **descripción de la planta.**

- **Té de roca,** la infusión ingerida es utilizada para tratar la **halitosis** y eliminar el **mal sabor de boca** durante un largo tiempo. Mezclando el té de roca con un poco de anís verde y media cucharada de menta, de esta forma conseguiremos incrementar aún más sus efectos. Además de beber la infusión también **es recomendable realizar gárgaras,** ver **descripciones de las plantas.**

- **Tila,** la infusión ingerida y en enjuagues (**sin edulcorar**) previene la aparición de las **molestas caries** y como antiséptico reduce la **inflamación de las encías,** ver **descripción de la planta.**

- **Tomillo,** la infusión en uso tópico para las **afecciones bucales** ayuda a tratar y combatir infecciones e inflamaciones **como aftas,** y otras, lavando el área afectada durante el día y aplicando un algodón remojado encima del afta. **La infusión resultante** de hervir 50 gr. de tomillo en 1 litro de agua durante 10 minutos se utiliza para el cuidado de **los dientes** y contra la **gingivitis de encías,** efectuar **enjuagues tibios.** La **infusión normal** es muy **efectiva para** combatir **la halitosis,** ver **descripción de la planta.**

- **Tronadora,** se utiliza la infusión para tratar **dolores de muelas**, ver **descripción de la planta.**

- **Vainilla,** la infusión en enjuagues (**sin edulcorar**) combate **infecciones bucales, dentales,** halitosis o **mal aliento**, ver **descripción de la planta.**

- **Verdolaga,** para **los dientes y encías sensibles** es bueno mascar la planta fresca, ver **descripción de la planta.**

- **Zanahoria,** el flúor presente es fundamental para el estado del **esmalte dental** y evitar la **aparición de caries.** Cruda fortalece **los dientes y las encías, mejora el riego sanguíneo bucal** y evita que las bacterias se adhieran a los dientes, ver **descripción de la planta.**

- **Zarza,** la infusión de sus hojas en uso tópico combate las **úlceras o llagas** en la boca, **aftas bucales, problemas de encías** (en enjuagues, **sin edulcorar**). **Ingerida** actúa **contra** las **inflamaciones de lengua** (también en enjuagues, **sin edulcorar**), ver **descripción de la planta.**

- **Finalmente,** se describen las plantas que solo es preciso la **infusión simple,** en este caso para enjuagues o gargarismos, **sin edulcorar,** en las infecciones, encías sangrantes, gingivitis, aftas, piorreas, inflamaciones, **siempre una antes de dormir** con:

Ajuga iva, Antennaria, Lisimaquia, Manzanilla común, Mejorana, Mirra, Pensamiento, Retama de los tintoreros, Salicaria, Saúco, Serpol, Verónica.

Si la **infusión** la vamos a utilizar **frecuentemente** se recomienda **hervir la planta en un litro de agua, o en la cantidad de agua que creamos** según la utilización diaria a tomar, así evitaremos tiempo en su preparación y en lugar de las bolsitas preparadas que venden se puede comprar a granel para economizar. También **se puede potenciar** con plantas diferentes para la misma dolencia, pero es conveniente **recordar siempre** la perfecta utilización de cada planta utilizada **según su descripción,** por si existiese alguna **interacción con fármacos o posibles contraindicaciones.**

Anemia - Reconstituyentes - Energizantes

Nunca sustituir la medicación por los remedios naturales. Estos remedios son de apoyo, **siempre hay que consultar con el Pediatra.**
Para evitar problemas de caries, al utilizar infusiones ingeridas se aconseja, si fuese necesario endulzar, el utilizar cualquier edulcorante que se indica en el apartado **de Edulcorantes.**

- Acelga, el consumo regular ayuda a evitar o combatir **las anemias,** siendo beneficiosa e imprescindible. También se puede beber un caldo vegetal que se obtiene cocinando ortigas, puerro, zanahoria, acelga con agua. El tratamiento dura entre tres y seis semanas y es preciso seguir una dieta para superar la anemia, ver **descripciones de las plantas.**

- Acerola, se debe consumir este fruto por **remineralizante** para múltiples indicaciones como **crecimiento,** recuperación de astenias o de estados de mucha debilidad, ver **descripción de la planta.**

- Agar Agar, previene estados carenciales y algunos tipos de **anemia**, a pesar de que su aporte calórico es casi nulo el agar - agar proporciona importantes cantidades de hierro. **Reconstituyente** que contiene fósforo, indispensable para el sistema nervioso en general y **para la correcta transformación de los azúcares en energía,** ver **descripción de la planta.**

- Ajuga iva, de excelentes resultados contra la **anorexia** como aperitivo natural (mejor no endulzar), ver **descripción de la planta.**

- Algarroba, su consumo previene la **anemia** al favorecer la formación de glóbulos rojos. Recomendable en los más pequeños al ser **energético y reconstituyente,** ver **descripción de la planta.**

- Alholva, tanto comestible o en infusión favorece la formación de glóbulos rojos. **Más de 100 gr. al día puede causar diarrea y náuseas.** Poderoso **reconstituyente** que se administra en casos de falta de apetito, y beneficia en casos de **anemia,** ver **descripción de la planta**, formas de uso **VII y VIII.**

- **Amaranto,** el hierro contenido en sus hojas ayuda a prevenir **la anemia,** en especial en **los niños,** ver **descripción de la planta,** forma de uso **VIII.**

- **Anacahuita,** estimulante del organismo **(aumenta la energía muscular),** ver **descripción de la planta,** forma de uso **VII.**

- **Ananá o Piña tropical,** por su alto porcentaje de carbohidratos **es energizante,** tanto el zumo como la fruta, ver **descripción de la planta.**

- **Arroz,** el líquido de su decocción utilizado **como agua de día**, es muy efectivo como **energético,** ver **descripción de la planta.**

- **Avellana** su consumo combate **la anemia** y facilita la absorción de hierro para complementar cualquier deficiencia. Como **mineralizante** es muy energético, ver **descripción de la planta.**

- **Avellano,** la infusión es un buen tónico **contra la anemia**, ver **descripción de la planta,** forma de uso **VII.**

- **Azufaifo,** muy conveniente para la **anemia** como **reconstituyente** o en un grave estado de postración, ver **descripción de la planta.**

- **Baobab,** magnífico para casos de **anemia** y excelente **reconstituyente,** ver **descripción de la planta.**

- **Bellota,** como alimento es **energizante,** ver **descripción de la planta.**

- **Bistorta,** la infusión y la licuación es buen como **reconstituyente**, ver **descripción de la planta,** formas de uso **VII y IX.**

- **Caña de azúcar,** la licuación ingerida como aperitivo es buen tónico **reconstituyente.** Buena fuente de glucosa como energizante, ayuda a rehidratar el cuerpo dando un impulso de energía en los **esfuerzos físicos,** ver **descripción de la planta,** forma de uso en **Capítulo IX.**

- **Cariofilada,** se utiliza como tónico contra la anemia y reconstituyente, ver **descripción de la planta,** forma de uso **VII (1).**

- **Cáscara de huevo,** para utilizar el poder **mineralizante** de su carbonato de calcio, poner en remojo cáscaras de huevo con zumo de limón durante varios días. Guardar el líquido en el frigorífico para añadir a zumos de frutas y vegetales, ver **descripción de la planta.**

- **Castaña,** su consumo se utiliza para evitar **la anemia**, por ser rica en hierro, mantiene una salud más fuerte y gracias a sus minerales el organismo estará mucho más saludable. De propiedades **reconstituyentes** y **mineralizantes** por la gran cantidad de energía que aportan, todas las proteínas además de los minerales que presentan, entre ellos: potasio, hierro, fósforo, magnesio, ver **descripción de la planta.**

- **Castaño,** como **reconstituyente** para casos de largas convalecencias, ver **descripción de la planta,** forma de uso **VII (1).**

- **Cebada,** buena por la **capacidad anti anémica** de la clorofila, contiene ácido fólico, hierro y cobre, que favorecen y estimulan la síntesis de hemoglobina. Es **mineralizante y reconstituyente** especialmente, para convalecencias, por su poder alcalinizante, el contenido en vitaminas y minerales. También tomada como agua de día, ver **descripción de la planta,** forma de uso **VII.**

- **Cebollino,** su consumo se puede utilizar en caso de **anemia,** al estimular el apetito, ver **descripción de la planta.**

- **Cerezo,** la infusión las hojas o rabillos de la fruta es eficaz **contra la anemia,** ver **descripción de la planta.**

- **Chequen,** la infusión de sus hojas, ingerida, **estimula el apetito** en caso de **anemias,** ver **descripción de la planta.**

- **Chirimoya,** su consumo aporta hierro, favorece la absorción de hierro de los alimentos adecuada contra la **anemia,** ver **descripción de la planta.**

- **Cilantro,** el consumo regular es una buena fuente de hierro, fibras y magnesio que ayudan a combatir la **anemia,** ver **descripción de la planta.**

- **Ciruelo / Pruno,** la infusión de las flores, ingerida, es un buen tónico, estimulante como **reconstituyente** contra la fatiga y **la anemia**, ver **descripción de la planta.**

- **Col de Bruselas,** su consumo al ser ricas en clorofila ayuda combatir la **anemia** y a la formación de hemoglobina. Su contenido en azufre es muy alto, también contienen arsénico, calcio, nitrógeno y yodo, sirve como aperitivo, **gran fuente de minerales y reconstituyentes**, ver **descripción de la planta.**

- **Escarola,** su consumo es recomendable en caso de **anemia.** Conviene en trastornos de **anorexia** (pérdida de apetito), ver **descripción de planta.**

- **Espinaca,** conveniente por los nitratos presentes en la espinaca, estos son responsables de aumentar **la fuerza en los músculos,** regulan el oxígeno de acuerdo con la demanda cuando entran en acción y ayuda al incremento **de la masa muscular** por su alto contenido en proteínas. Las enzimas llamadas citocromos, que tienen al grupo hemo o hem (hierro) en su composición le da propiedades **mineralizantes**, ver **descripción planta.**

- **Espirulina**, su consumo es utilizado con efectos **muy positivos en niños** con desnutrición en combinación con la comida habitual, **no es un sustituto. El aporte** energético que supone tomar espirulina es apto para personas con un alto desgaste a nivel físico **como reconstituyente**, ver **descripción de la planta.**

- **Fresal,** la infusión ingerida es buen tónico contra la **anemia** y para combatir la **anorexia.** De acción **reconstituyente**, fortificante y regeneradora sobre el organismo en casos de debilidad, convalecencia de enfermedades, ver **descripción de la planta,** forma de uso **VII.**

- **Garbanzo,** al ser **energizante** lo deben de consumir desde pequeños por sus continuos ejercicios físicos, ver **descripción de la planta.**

- **Girasol,** consumir como **reconstituyente** al contener mucho potasio y magnesio, ver **descripción de la planta.**

- **Granada,** rica en hierro, es indicada para aquellos que **padecen anemia,** ver **descripción de la planta,** forma de consumo **VIII.**

- **Granadilla,** excelente fuente de potasio, calcio, fósforo y hierro, para **prevenir la anemia,** ver **descripción de la planta.**

- **Graviola,** la mezcla de hojas y un puñado de flores sirve para tratar **estados de convalecencias,** enfermedad que debilite o tras una operación, como **reconstituyente y energizante,** ver **descripción de la planta.**

- **Guisante,** alimento **anti anémico** por su contenido en hierro y vitaminas del grupo B, ver **descripción de la planta.**

- **Kale,** consumir por ser una de las fuentes vegetales **más ricas en hierro,** la hace básica para **vegetarianos y veganos,** gracias a este mineral **se evita anemia,** ver **descripción de la planta.**

- **Lentejas,** su consumo es **muy importante contra la anemia,** ricas en hierro, mineral utilizado por el cuerpo para la producción de células rojas en la sangre. **Beneficioso** para los órganos, y para los **esfuerzos físicos y musculares,** al necesitar un suministro constante de proteínas para funcionar correctamente. **Es conveniente como energizante** proporciona casi la totalidad de ácido fólico (vitamina B9), para un adulto, útil para el buen funcionamiento del sistema nervioso, en la producción de energía y necesario para la síntesis de ADN, ver **descripción de la planta.**

- **Limón,** bueno **para la anemia,** combinado **ver Manzana,** ver **descripción de la planta.**

- **Lúpulo,** las infusiones ingeridas (cualquiera), al tener propiedades aperitivas y antisépticas, útil para **estimular el apetito** en inapetentes, ver **descripción de la planta,** forma de uso **VII.**

- **Mango,** consumido regularmente, al ser rico en hierro, es útil para aquellos que **sufren de anemia,** y para aumentar el número de glóbulos rojos en la sangre, ver **descripción de la planta.**

- **Manzana,** su consumo regular es bueno para **la anemia.** También **el jugo** de las manzanas, con ½ vaso de jugo de tomate, ½ vaso de limones, ½ vaso de melón, beber tres veces al día, si es fuerte rebajar con miel y agua. **Otra forma beneficiosa** es mezclar los jugos de ¼ de manzana y ¼ de remolacha, bebida a diario, ver **las distintas descripciones de las plantas.**

- **Maracuyá,** el consumo previene la **anemia** porque sus propiedades favorecen la absorción del hierro de los alimentos, ver **descripción planta.**

- **Marrubio,** la infusión se utiliza para combatir **la anemia** y la debilidad corporal como **reconstituyente,** ver **descripción de la planta.**

- **Martagón,** se utiliza como **reconstituyente** para el tratamiento de las fatigas, astenias, ver **descripción de la planta.**

- **Melocotón,** su consumo (**moderado en los menores de 6 años**), es recomendado para los **casos de anemia** y como **reconstituyente** para el debilitamiento y los estados de fatiga, ver **descripción de la planta.**

- **Melón,** es bueno **contra la anemia** combinado **ver Manzana.**

- **Miel,** el consumo diario (**a partir de 1 año**), con agua y el estómago vacío combate la fatiga y sus síntomas en cuestión de días, aportar **mucha vitalidad** manteniéndolos más activos, **al ser reconstituyente,** ver **descripción de la Miel.**

- **Naranjilla,** su consumo rico en hierro **ideal para los anémicos,** se recomienda el consumo regular de naranjilla combinada con huevo, alfalfa y cebada, receta exuberante en calorías, que ayuda considerablemente en el aumento de peso, **siendo buen mineralizante,** ver **descripción planta.**

- **Naranjo dulce,** la infusión de sus hojas es de gran ayuda si han perdido el **apetito,** en este caso lo mejor es darles una... **Continúa**

... infusión en ayunas durante varios días. Su consumo es muy adecuado por su gran efecto **mineralizante**, ver **descripción de planta.**

- **Nectarina,** por la vitamina C es **recomendable contra la anemia,** ayudando al organismo a absorber el hierro, ver **descripción de la planta.**

- **Niaoulí,** la infusión ingerida (**en mayores de 6 años**), también en uso tópico (en masaje directamente sobre la piel) es utilizado a ser **antibacteriano, antiviral y antiinfeccioso,** ver **descripción de las plantas,** forma de uso **VII.**

- **Nogal,** la infusión ingerida de sus hojas se utiliza para combatir el debilitamiento físico generalizado como **reconstituyente** contra **la anemia,** ver **descripción de la planta,** forma de uso **VII.**

- **Ñame silvestre,** para **mayores de 6 años,** como **reconstituyente** en los casos de **fatiga general y apatía,** ver **descripción de la planta.**

- **Onagra,** el aceite se utiliza como **energizante o reconstituyente,** trata el **síndrome post viral** causa **mareos,** ver **descripción de la planta.**

- **Orégano,** la infusión **ingerida** se utiliza **como reconstituyente** y ante la inapetencia, ver **descripción de la planta,** forma de uso **VII.**

- **Ortiga,** se utiliza **contra la anemia** cuando la concentración de hierro disminuye en nuestra sangre, la falta de vitaminas y minerales puede recuperarse consumiendo ortigas. La ortiga ofrece, entre otros nutrientes, calcio, silicio, zinc, cobre, magnesio y al menos 7 vitaminas. Para poder tratar y reducir la anemia se puede beber un caldo vegetal que se obtiene cocinando ortigas y otras verduras (puerro, zanahoria, acelga) con agua. El tratamiento dura entre tres y seis semanas y es preciso seguir una **dieta para superar la anemia,** ver **descripción de la planta.**

- **Ortiga muerta,** la infusión de las flores y puntas floridas ingerida y cocinadas combate las **deficiencias anémicas,** y como **reconstituyente,** ver **descripción de la planta,** formas de uso **VII y VIII.**

- **Pasas de uva,** su consumo combate **la anemia,** al ser una rica fuente de proteínas y hierro, ver **descripción de la planta.**

- **Patata,** su consumo es conveniente porque pueden **proporcionar energía** a nuestro organismo, ver **descripción de la planta.**

- **Perejil,** su consumo es ideal para personas con **anemia, fatiga y cansancio físico, como reconstituyente,** por su riqueza en minerales, al aportar interesantes cantidades de hierro, fósforo y calcio, ver **descripción de la planta.**

- **Pimienta blanca,** el consumo **(solo cocinada en polvo),** por su alto contenido en hierro hace que la pimienta blanca ayude a **evitar la anemia** ferropénica o anemia por falta de hierro, ver **descripción de la planta.**

- **Pimienta de Jamaica,** su consumo alivia los estados de fatiga como **reconstituyente,** ver **descripción de la planta.**

- **Pimiento verde,** su consumo por el potasio que contiene es necesario para la transmisión del impulso nervioso y en **la actividad muscular**, ver **descripción de la planta.**

- **Plátano,** su consumo combate **la anemia** al aportar una cantidad significativa de hierro, ayudando a la formación de hemoglobina en la sangre. Consumir plátano y naranja (natural o en zumo) en los dos primeros años de vida de vida de nuestros bebés puede **reducir el riesgo** de que nuestros pequeños **desarrollen leucemia.** Es conveniente consumir para la protección de la **masa muscular** en edad infantil **por el desgaste energético** al estar en continua actividad, ver **descripción de la planta.**

- **Polen,** contrarresta eventuales insuficiencias alimentarias especialmente durante los períodos de alta demanda fisiológica, como es la **anemia.** Eficiente en situaciones de agotamiento físico como **reconstituyente,** por su efecto tonificante y estimulante, incluso de notorio euforizante, ver **descripción del Polen,** forma de uso **VIII (2 y 3).**

- **Psoralea,** la infusión ingerida **como aperitivo reconstituyente** y para abrir el apetito, ver **descripción de la planta,** forma de uso **VII.**

- **Quinua,** su consumo es muy conveniente para combatir **la anemia** y como **mineralizante**, al contener magnesio, potasio, zinc y hierro, ver **descripción de la planta.**

- **Remolacha,** para combatir **la anemia beber a diario,** la mezcla de los jugos de ¼ de manzana y un ¼ de remolacha, otra forma de combatirla es su ingesta cocida o cruda. Contiene hierro, yodo, fósforo, sodio etc., ocupando el lugar principal entre las hortalizas como **mineralizante.** También se utiliza para **personas en postración al actuar como reconstituyente,** ver **descripción,** ver **descripciones de las plantas.**

- **Romanza,** su consumo se recomienda **contra la anemia** por su contenido en hierro y vitamina C, ver **descripción de la planta.**

- **Rúcula,** es beneficioso su consumo como buen **mineralizante** al contener algunos minerales básicos para el funcionamiento del organismo (potasio, fósforo y manganeso), ver **descripción de la planta.**

- **Salep,** su consumo es un **reconstituyente** tonificante natural, ideal para **convalecientes, asténicos,** en casos de fatiga, ver **descripción de la planta.**

- **Salvia romana,** como **reconstituyente** fortalece el sistema inmunológico, es de utilidad en el tratamiento del síndrome de fatiga crónica. Restaura y fortifica durante el proceso de **convalecencia,** ver **descripción de la planta.**

- **Sanguinaria del Canadá,** la infusión ingerida para el tratamiento de la **anemia,** ver **descripción planta,** forma de uso **VII.**

- **Sanícula,** ingerida combate la **anemia,** y **reconstituyente** contra el cansancio y debilidad física, ver **descripción de la planta.**

- **Serbal,** las bayas o su jugo ayuda a los **anémicos** por sus propiedades de vitamínicas y a subir el apetito. El jugo es un buen reconstituyente para la debilidad **después de enfermedades graves** y largas convalecencias, ver **descripción sw la planta,** forma de uso **VII (2).**

- **Serpol,** la infusión como aperitivo **reconstituyente** se utiliza **contra la anemia,** también en casos de **debilidad e inapetencia,** ver **descripción planta.**

- **Sésamo,** su aceite se utiliza como ayuda a prevenir la **anemia** por su alto contenido en hierro (9 mg), ver **descripción de la planta.**

- **Tamarindo,** la infusión por sus **azúcares** saludables aportan energía, siendo **buen reconstituyente** y un **suero muy** benéfico combinado con agua mineral, sal y azúcar morena, ver **descripción de la planta,** forma de uso **VII.**

- **Tila,** la infusión **ayuda en recuperar el apetito** tras algún problema gastrointestinal del estómago. Se puede **utilizar** para reforzar las defensas por su vitamina C y propiedades **mineralizantes,** ver **descripción de la planta.**

- **Tomate,** su consumo es bueno **para la anemia,** combinado con el jugo de las manzanas, ½ vaso de jugo de tomate, ½ vaso de limones, ½ vaso de melón, beber tres veces al día, ver **descripciones de las plantas.**

- **Tomillo cabezudo,** consumir **su miel (a partir de 1 año)** es buena para los **casos de anemia,** ver **descripción de la planta.**

- **Trigo,** el consumo por sus vitaminas B ayuda a metabolizar los alimentos y **convertirlos en energía.** Como **mineralizante** es excelente por su variedad de vitaminas y minerales, ver **descripción de la planta.**

- **Verónica,** la infusión ingerida se emplea de forma habitual e indicada como tónico aperitivo en los casos de **inapetencia o falta de apetito** en los más pequeños, para **la anemia** y como **reconstituyente** al ...Continúa

... estimular y aumentar las fuerzas en casos de debilitamiento del organismo, ver **descripción de la planta.**

- **Zarza,** como reconstituyente el jugo de los frutos es una bebida refrescante y tonificante, que **ayuda en caso de debilidad**, ver **descripción de la planta.**

- **Finalmente,** se describen las plantas que solo es preciso la **infusión simple para ingerir como tónico,** en este caso para favorecer para estimular el apetito y combatir **casos de anemia** con las siguientes: **Acacia, Antennaria, Lisimaquia, Paciencia, Salicaria, Tomillo, Tronadora.**

Si la **infusión** la vamos a utilizar **frecuentemente** se recomienda **hervir la planta en un litro de agua, o en la cantidad de agua que creamos** según la utilización diaria a tomar, así evitaremos tiempo en su preparación y, en lugar de las bolsitas preparadas que venden se puede comprar a granel para economizar. También **se puede potenciar** con plantas diferentes para la misma dolencia, pero es conveniente **recordar siempre** la perfecta utilización de cada planta utilizada **según su descripción,** por si existiese alguna **interacción con fármacos o posibles contraindicaciones.**

Antibacterianos - Antibióticos - Gripe

Nunca sustituir la medicación por los remedios naturales. Estos remedios son de apoyo, **siempre hay que consultar con el Pediatra.**

Para evitar problemas de caries, al utilizar infusiones ingeridas se aconseja, si fuese necesario endulzar, el utilizar cualquier edulcorante que se indica en el apartado **de Edulcorantes.**

- **Agave tequilana,** la infusión ingerida como **antibacteriano** que favorece el crecimiento de bacterias buenas disminuye el **...Continúa**

... crecimiento de otras patógenas que generan compuestos tóxicos, ver **descripción de la planta**

- **Ajo,** el consumo en salmuera o cocinado es buen **antibacteriano, y casi un antibiótico natural**. Se aconseja en las épocas más frías del año, cuando es común que enfermen de **gripes o resfriados**, ver **descripción de planta.**

- **Algarroba,** eficaz para el funcionamiento del sistema **inmunológico y antibacteriano** por su alto contenido en vitaminas A, del grupo B (B1, B2, B3, B6, B9 o ácido fólico), ver **descripción de la planta.**

- **Ananá o Piña tropical,** beneficioso como **alimento** desintoxicante y depurador. También **el beber la licuación** por sus propiedades como buen **antibacteriano**, ver **descripción de la planta,** forma de uso **IX.**

- **Antennaria,** muy efectiva y como **antibiótico, particularmente** para casos de **carbunco**, ver **descripción de la planta.**

- **Árbol de Tilo,** sus propiedades sobre las glándulas sudoríparas (flavonoglucósidos), carminativo y diaforético se utiliza al ser eficaz contra **procesos gripales**, ver **descripción de la planta,** forma de uso **VII.**

- **Asafétida,** los compuestos de las raíces de la planta pueden matar el H1N1, virus de la **gripe porcina**. Actúa también en la **gripe estacional**, ver **descripción de la planta.**

- **Avellano,** alivia **la fiebre**. Es eficaz remedio **contra la gripe**, ver **descripción de la planta,** forma de uso **VII.**

- **Calalagua,** en infusiones o como agua de día es de efecto **antibiótico** y **antioxidante**. Para tratar **la gripe** beber caliente o como agua de día, es efectivo, ver **descripción de la planta,** forma de uso **VII.**

- **Canela con miel,** esta combinación **a partir de 1 año** es altamente calorífica y funciona **como un antibiótico natural**. Expulsa el frío del cuerpo y previene enfermedades causadas por virus y bacterias, ver **descripción de la planta y de la Miel.**

- **Caña de limón o Citronela,** la infusión ingerida, **utilizar las bolsitas ya elaboradas,** tiene propiedades **antibacterianas,** ver **descripción planta.**

- **Caqui,** buen **antibacteriano** por la vitamina C, ayuda a reforzar el sistema inmunológico, de hecho, cuando el cuerpo lucha contra alguna infección los requerimientos diarios de esta vitamina puede verse multiplicados por 10. Eficaz en la **prevención de gripes** por su aporte en vitaminas A y C en acción conjunta, ver **descripción de la planta.**

- **Carqueja,** extraordinario **antibacteriano,** al mantener el cuerpo limpio y sano, ver **descripción de la planta,** forma de uso **VII (1).**

- **Cártamo,** la infusión ingerida se utiliza **contra la gripe,** ver **descripción de la planta.**

- **Cebolla,** su consumo tiene propiedades **antibacterianas** y antimicótica gracias a los fitoquímicos que poseen, ver **descripción de la planta.**

- **Cebollino,** el consumo como **antibacteriano** favorece la eliminación de toxinas del cuerpo para combatir infecciones. Aumenta y estimula, como forma de **antibiótico,** el sistema inmunológico, ver **descripción de planta.**

- **Centeno,** aporta zinc y selenio, actúa como **antibacteriano** y regulador del sistema inmune, ver **descripción de la planta.** forma de uso **VIII.**

- **Cerraja,** las hojas en caldo o como alimento se utilizan como **antibacteriano** siento útil como purificador y depurativo de la sangre, ver **descripción de la planta,** forma de uso **VIII.**

- **Chachacoma,** la infusión ingerida se utiliza en los **procesos gripales,** ver **descripción de la planta.** forma de uso **VII.**

- **Chirimoya,** fruta fuente de vitamina A y C tiene efecto **antioxidante,** aumenta los glóbulos rojos y la resistencia a las infecciones, como **antibacteriano,** ver **descripción de la planta.**

- **Cilantro,** el consumo mejora el sistema inmunológico al poseer propiedades **antibacterianas**, evitando la proliferación del virus de la Salmonella en los alimentos, ver **descripción de la planta.**

- **Clementina,** su consumo por sus propiedades **antibacterianas**, evitan riesgo de contraer enfermedades infecciosas y **la gripe** tan normal en otoño, ver **descripción de la planta.**

- **Col de Bruselas,** gran desintoxicante y **antibacteriano** de nuestro organismo, ver **descripción de la planta.**

- **Equinácea,** considerado el **antibiótico natural** por excelencia para todo tipo de infecciones, y en general para **impulsar el sistema inmunológico**, para aumentar las defensas del organismo, potenciar el sistema inmunitario, capaz de activar nuestra producción de leucocitos, incluso se puede tomar una infusión diaria, sin temor, **como preventivo,** existen preparados para mayores de 6 años, ver **descripción de la planta.**

- **Escarola,** su consumo conviene como **antibacteriano** contra las situaciones que aumentan las infecciones, ver **descripción de la planta.**

- **Espirulina**, se utiliza para incrementar y mejorar el sistema inmunológico **como antibacteriano**, al poseer de efecto en la activación de linfocitos humanos, ver **descripción de la planta.**

- **Eucaliptus**, en vahos o infusión como **antibacteriano** consigue acabar con aquellos microorganismos causantes de procesos infecciosos en las vías respiratorias, ver **descripción de la planta.**

- **Fresal,** depurativo **antibacteriano**, purifica la sangre y elimina los deshechos, ver **descripción de la planta,** forma de uso **VII.**

- **Fresno,** la infusión ingerida como antipirética, para **bajar la fiebre** y como remedio contra **la gripe**, ver **descripción de la planta.**

- **Gatera,** la infusión ingerida se utiliza como **antibiótico,** ver **descripción de la planta.**

- **Girasol,** consumir de forma regular de las semillas como **antibacteriano** aumenta las defensas del organismo, previene y erradica patologías relacionadas con virus, ver **descripción de la planta.**

- **Granada,** el consumo tiene propiedades y efectos **antibacterianos** para el cuerpo, ver **descripción de la planta,** forma de uso **VIII.**

- **Graviola,** con la mezcla de hojas y un puñado de flores se puede elaborar una infusión para **la gripe,** ver **descripción de la planta.**

- **Helicriso o Sol de oro,** ingerida al ser **antibacteriana** mejora el funcionamiento del metabolismo, ver **descripción de la planta.**

- **Hierbabuena,** la infusión ingerida, **a partir de los 6 años,** tiene **un gran** poder **antibacteriano** y actúa de forma beneficiosa en **los procesos gripales,** ver **descripción de la planta.**

- **Hipérico,** la infusión ingerida actúa como **antibacteriano,** como **antibiótico.** También se puede utilizar **polvo encapsulado,** ver **descripción de la planta,** forma de uso **VII (1).**

- **Jazmín,** beber té de jazmín es bueno por sus propiedades antivirales y **antibacterianas.** También **ingerido y en gárgaras** pueden prevenir **la gripe,** y ayuda a tener una recuperación más temprana, ver **descripción planta.**

- **Kale,** es beneficioso su consumo por su vitamina C al activar el sistema inmunológico como **antibacteriano** y beneficioso para el **metabolismo estomacal,** ver **descripción de la planta.**

- **Kiwi,** su consumo como **antibacteriano** debido al ácido fólico combinado con su aporte de vitamina C, colabora en la producción de glóbulos rojos y blancos y en la formación de anticuerpos ... **Continúa en página siguiente**

... que **favorecen al sistema inmunológico.** En casos de **anemia ferropénica** por su vitamina C aumenta la absorción del hierro de los alimentos, ver **descripción de la planta.**

- **Kudzu,** conviene consumir como **antibacteriano al** ejercer como ataque a los microbios diarios y aliviar problemas en los procesos relacionados con **gripes,** ver **descripción de la planta.**

- **Laurel,** la infusión ingerida contiene sustancias de acción **anti bactericida,** ver **descripción de la planta.**

- **Lilo,** la infusión ingerida de la corteza o flores es buena en los **procesos gripales,** ver **descripción de la planta.**

- **Limón,** su consumo es bueno para las **afecciones gripales,** al aportar vitamina C, ver **descripción de la planta.**

- **Liquen de Islandia,** la doble decocción ingerida por su contenido en ácido úrsico y poliquéstrico, sustancias responsables de su actividad **como antibiótico,** ver **descripción de la planta,** forma de uso **VII.**

- **Llantén mayor,** la infusión o el consumo **de sus semillas** son utilizadas como **antibacteriano,** ver **descripción de la planta,** forma de uso **VII.**

- **Madreselva,** la infusión **como antibacteriana** con éxito en infecciones internas y para tratamiento **de gripes,** ver **descripción de la planta.**

- **Mandarina,** el consumo por su vitamina C actúa como **antibacteriano** y potencia el sistema inmune, ver **descripción de la planta.**

- **Mastuerzo,** la infusión o decocción es considerado como **antibiótico** natural, ver **descripción de la planta,** forma de uso **VII.**

- **Melocotón,** su consumo (**moderado en los menores de 6 años**), para enfermedades agudas e infecciosas, ver **descripción de la planta.**

- **Miel,** una cucharada **con agua y en ayunas a diario, (en mayores de 1 año)** es un gran remedio que aumenta las defensas como **antibacteriano** y casi **antibiótico,** y previene al organismo **contra la gripe,** ver **descripción de la Miel.**

- **Mirra,** se utiliza la infusión como **antibacteriano** por su poder antimicrobiano, y útil en la **gripe estacional,** ver **descripción de la planta.**

- **Mirto,** la infusión ingerida (**en mayores de 6 años**), se utiliza por contener compuestos como Pineneo, Cineol, Dipenteno, Mirtol y Mirtenol, propiedades comparadas con las de la penicilina, es **antibacteriano** y casi un **antibiótico** natural, ver **descripción de la planta,** forma de uso **VII.**

- **Mora negra,** consumir el fruto actúa **como antibacteriano** al contener alcaloides que activan los macrófagos (glóbulos blancos que estimulan el sistema inmunológico y ponen en alerta activa frente a amenazas de la salud molecular), ver **descripción de la planta.**

- **Naranjilla,** su consumo permite que todo el organismo permanezca inmune al ser un eficaz **antibacteriano** para el sistema inmunológico, ver **descripción de la planta.**

- **Naranjo dulce,** la infusión ingerida de sus hojas es utilizada como **antibacteriana** fortalece el sistema inmunológico y los procesos depurativos del organismo, ver **descripción de la planta.**

- **Nevadilla,** la infusión ingerida se utiliza para tratar síntomas de **la gripe,** ver **descripción de la planta.**

- **Niaoulí,** para limpiar y desinfectar **heridas** menores, verter 5 o 6 gotas en 250 ml de agua hervida, utilizar enfriada o templada. La infusión ingerida (**en mayores de 6 años**) para tratar la **gripe,** ver **descripciones de las plantas,** forma de uso **VII.**

- **Níspero,** la infusión ingerida o el extracto las hojas del árbol al ser **antibacteriano** potencian el sistema inmune. También el consumo de su fruto, ver **descripción de la planta.**

- **Oreja de Judas,** su consumo actúa como un **buen antibiótico** ayudando a curar tumores de todo el cuerpo, ver **descripción de la planta.**

- **Pachuli,** las inhalaciones alivian los síntomas de la **gripe**, ver **descripción de la planta.**

- **Pensamiento,** la infusión es una solución contra **la gripe**, ver **descripción de la planta.**

- **Perejil,** se recomienda aumentar su consumo en épocas como el otoño o el invierno, en caldos y sopas, por sus cualidades **frente a la gripe**, ver **descripción de la planta.**

- **Polen,** dota al cuerpo de un **antibiótico** natural, así como fortaleza y estimulantes, propiedades beneficiosas para niños y jóvenes, ver **descripción del Polen,** forma de consumo **VIII (2 y 3).**

- **Polygala calcárea,** se usa en infusión para combatir la **gripe**, ver **descripción de la planta.**

- **Pomelo,** su consumo como **antibacteriano** es efectivo por su alto contenido en flavonoides y vitamina C estimula las funciones del sistema inmune, ver **descripción de la planta.**

- **Puerro,** su consumo puede actuar como **antibiótico**, excelente para la salud de los más pequeños, ver **descripción de la planta.**

- **Rábano,** en **mayores de 3 años**, es conveniente el consumo por su contenido de vitamina C y los efectos de limpieza naturales ayuda a prevenir las infecciones virales haciendo **labor de antibiótico**, ver **descripción de la planta.**

- **Remolacha,** consumir cocida ayuda luchar con lo negativo del medio ambiente, como **antibacteriano**, al resistir a los microbios y bacterias en el organismo, ver **descripción de la planta.**

- **Romanza,** consumir como **preventivo antibacteriano**, ver **descripción de la planta.**

- **Salep,** consumir de forma tradicional en la llegada de las estaciones frías como **preventivo antigripal**, ver **descripción de la planta.**

- **Sandía,** su consumo es muy útil como **antibiótico,** sus propiedades fortalecen el sistema inmunológico por la presencia de sustancias carotenoides. Es **reconstituyente** por la cantidad de minerales siendo útil para combatir la **fatiga y agotamiento,** sobre todo y con mayor frecuencia en verano, ver **descripción de la planta.**

- **Té de roca,** la infusión se utiliza para los **procesos gripales**, ver **descripción de la planta.**

- **Tila,** la infusión ingerida tiene propiedades **antibacterianas** y antivirales, actúa en ocasiones **como un antibiótico** natural, ver **descripción de planta.**

- **Tila alpina,** la infusión ingerida considerada ideal para **síntomas gripales.** Al ser diaforética resulta ideal **para la fiebre** al controlar la temperatura interna al provocar un aumento de sudoración, ver **descripción de la planta.**

- **Tomate de árbol,** su consumo fortalece el sistema inmunológico como **antibacteriano,** además de funcionar como buen **antioxidante**, ver **descripción de la planta.**

- **Trébol,** la infusión alivia los **procesos gripales**, ver **descripción de planta.**

- **Trigo,** su consumo utilizado como **antibacteriano** es fuente de proteínas, produce células nuevas y mantiene el sistema inmune, ver **descripción de la planta.**

- **Vasaka,** la infusión de la planta entera, **en mayores de 3 años,** como antibacteriana y buen **antioxidante**, ver **descripción de la planta.**

- **Vellosilla,** la infusión ingerida es útil **en mayores de 3 años** para los **procesos gripales**. Se recomienda su **jugo** al poseer propiedades **antibióticas y antiinfecciosas** para **tratar la brucelosis**, ver **descripción de la planta.**

Control y problemas de orina

Nunca sustituir la medicación por los remedios naturales. Estos remedios son de apoyo, **siempre hay que consultar con el Pediatra.**

Para evitar problemas de caries, al utilizar infusiones ingeridas se aconseja, si fuese necesario endulzar, el utilizar cualquier edulcorante que se indica en el apartado **de Edulcorantes.**

- **Hipérico,** contra **la enuresis** por causa de ansiedad o irritación nerviosa en la vejiga, especialmente en niños, beber 2 tazas diarias (mañana y noche), ver **descripción de la planta,** forma de uso **VII (1).**

- **Pensamiento,** la infusión es interesante **para el sistema urinario,** al contribuir positivamente en el tratamiento de los molestos síntomas que ocasiona **la micción difícil**, ver **descripción de la planta.**

- **Tomillo,** la infusión ingerida de hervir 50 gr. de tomillo en 1 litro de agua durante 10 minutos, se utiliza **contra la enuresis infantil**, ver **descripción de la planta.**

Crecimiento/Desarrollo - Dentadura - Huesos

Nunca sustituir la medicación por los remedios naturales. Estos remedios son de apoyo, **siempre hay que consultar con el Pediatra.**

Para evitar problemas de caries, al utilizar infusiones ingeridas se aconseja, si fuese necesario endulzar, el utilizar cualquier edulcorante que se indica en el apartado **de Edulcorantes.**

- **Aceite de oliva,** por su gran cantidad de oleatos es beneficioso al promover la **calcificación y la mineralización de los huesos,** ver **descripción de la planta.**

- **Acelga,** muy indicado en todo el **desarrollo y deficiencias infantiles** para la formación de colágeno en **huesos y dientes,** ver **descripción de la planta.**

- **Agar Agar,** alimento que contiene el calcio necesario para favorecer la correcta **formación de huesos y dentadura** durante los periodos de **crecimiento,** ver **descripción de la planta.**

- **Algarroba,** fortalece **los dientes y huesos,** su consumo **para el periodo de crecimiento** infantil aporta hidratos de carbono, vitaminas A, B, C, E, minerales como el Potasio, Magnesio, Hierro, Fósforo, Zinc, Calcio, Selenio, Yodo, ácidos grasos, carotenoides, proteínas vegetales y fibra, ver **descripción de la planta.**

- **Avellana** sirve para fortalecer y beneficiar las **articulaciones y huesos,** por su magnesio es capaz a fortalecer el esqueleto, almacenando y utilizando en caso de escasez, ver **descripción de la planta.**

- **Azukis,** por su aporte de magnesio, potasio, fósforo y calcio favorece la **remineralización ósea,** ver **descripción de la planta.**

- **Cacahuete,** beneficioso en la etapa de **desarrollo y crecimiento de los niños,** al ser muy rico en proteínas y aminoácidos buenos para el crecimientos y desarrollo del cuerpo, ver **descripción de la planta.**

- **Canónigo,** el consumo fortalece **los huesos** y el crecimiento de los **dientes** por su contenido en calcio, ver **descripción de la planta.**

- **Chirimoya,** en pediatría tiene aplicaciones dietéticas (en forma de purés o zumos) debido a su contenido en minerales (calcio, fósforo, hierro), vitaminas (grupo B, C, A), con proteínas y azúcares muy aconsejable en **época de crecimiento**, su contenido en vitamina C interviene en la formación de colágeno en **huesos, dientes**, ver **descripción de la planta.**

- **Clementina,** para el **fortalecimiento de huesos, cartílagos.** Complemento perfecto para los **esfuerzos físicos y musculares,** después de hacer deporte ayuda a rehidratar por la cantidad de agua, ver **descripción de la planta.**

- **Coco,** fruta muy rica en hierro y potasio, sales minerales que participan en la propia **mineralización de los huesos,** como el calcio, fósforo o magnesio, ver **descripción de la planta.**

- **Escarola,** los requerimientos de folatos son superiores en los niños, por ello, incluir verduras de hoja verde en su alimentación habitual es una forma válida de **prevenir deficiencias.** También se ha relacionado la carencia de esta vitamina con **alteraciones en el crecimiento**, ver **descripción de la planta.**

- **Espinaca,** su consumo es beneficioso para el **desarrollo de los niños,** por su contenido de ácido fólico (B9). Vegetal con alto contenido en calcio y vitamina K, para **mantener la salud ósea**, ver **descripción de la planta.**

- **Gatera,** la infusión ingerida se utiliza para tratar **dolores musculares, y el frio en las articulaciones,** ver **descripción de la planta.**

- **Geranio,** se utiliza el aceite en uso tópico para aliviar el dolor en las **articulaciones,** ver **descripción de la planta.**

- **Gladiolos,** su rizoma **fresco** se utiliza para **desinflamar y aliviar el dolor de las encías de los niños durante la dentición,** ver **descripción de planta.**

- **Granadilla,** de los primeros alimentos que se recomienda integrar a un bebé **para el crecimiento,** por sus muchas propiedades al ser una excelente fuente de potasio, calcio, fósforo y hierro, ver **descripción de la planta.**

- **Granada,** su consumo fortalece **los huesos,** ver **descripción de la planta,** forma de uso **VIII.**

- **Guisante,** alimento con una importante **fuente de calcio,** indispensable para la **dentición** y **los huesos,** ver **descripción de la planta.**

- **Judías o Alubias,** consumir es muy recomendable si queremos **conservar unos huesos** fuertes y sanos, ver **descripción de la planta.**

- **Kale,** su vitamina **K** otorga propiedades para favorecer **la salud de los huesos** ayudando a fijar el calcio en ellos, ver **descripción de la planta.**

- **Kiwi,** su consumo por aportar vitamina C se recomienda especialmente para los periodos de **crecimiento infantil,** ver **descripción de la planta.**

- **Lentejas,** es conveniente su consumo, la deficiencia de hierro puede conducir a desarrollar **problemas neurológicos** tales como **déficit de atención,** ver **descripción de la planta.**

- **Lombarda,** una de las mejores verduras que contribuye en el **crecimiento de los huesos** y en la densidad mineral. **Protege** contra las enfermedades óseas, ver **descripción de la planta.**

- **Lúpulo,** la infusión ingerida (cualquiera), al tener propiedades aperitivas y antisépticas, útil para **estimular el apetito** en inapetentes, ver **descripción de la planta,** forma de uso **VII.**

- **Malvavisco,** las raíces aplicadas suavemente se dan a **los infantes en la primera dentición** para reducir la irritación, ver **descripción de la planta.**

- **Maracuyá,** su consumo interviene en la formación de colágeno, beneficioso para el **fortalecimiento dental** y colabora para **fortalecer los huesos** del cuerpo, por su vitamina C, ver **descripción de la planta.**

- **Mejorana,** el **aceite esencial** en solución alcohólica **y uso externo,** para realizar **fricciones en las articulaciones** afectadas, ver **descripción planta.**

- **Melón cantalupo,** en los más pequeños su consumo es beneficioso al contener los micronutrientes necesarios para un **crecimiento**, en la formación de los **huesos** y eficaz para la **dental**, ver **descripción de planta.**

- **Nabo,** el consumo **de sus hojas** son una gran fuente de calcio, además de vitaminas A, C y K, fósforo, magnesio, hierro, ácido fólico y fibra. Muy buena y útil a la hora de fortalecer, regenerar o aumentar la formación de colágeno **para el cuidado de nuestros huesos.** Se pueden comer crudas, en tortilla, en ensaladas incluso en zumos con otros vegetales, ver **descripción de la planta.**

- **Naranjilla,** su consumo es muy **recomendado en la dieta de los niños** porque actúa directamente en la **formación de los huesos, dientes y tejidos,** ver **descripción de la planta.**

- **Naranjo dulce,** su consumo y el zumo sirven para preservar la densidad de los **huesos,** ver **descripción de la planta.**

- **Nectarina,** su consumo es bueno para mantener los **dientes sanos.** Es importante en la función de transmitir y generar el impulso nervioso **para la actividad muscular** al ser rico en potasio, ver **descripción de la planta.**

- **Nogal,** la infusión ingerida de sus hojas combate el **raquitismo**, ver **descripción de la planta,** forma de uso **VII.**

- **Orégano,** la infusión **en uso tópico o la cataplasma** para las **articulaciones y huesos, dolores o inflamaciones osteoarticulares.** También elimina **el dolor** y ayuda a **recuperar las lesiones** externas, ver **descripción de la planta,** formas de uso **IV y VII.**

- **Papaya,** consumir a **partir de 3 años,** aporta **quimio papaína,** útil para los **huesos** y el **tratamiento de hernias discales**, ver **descripción de planta.**

- **Paraguaya,** el consumo de este fruto ayuda a **proteger** el estado de **los dientes,** ver **descripción de la planta.**

- **Pareira brava,** la infusión en enjuagues, **sin edulcorar,** se utiliza como analgésico y antiespasmódico para los **dolores dentales y muelas**, ver **descripción de la planta.**

- **Pasas de uva,** es una **rica fuente de calcio,** su consumo sirve para fortificar los **huesos y dientes,** aportando al organismo 40 mg. de calcio cada 100 gramos, ver **descripción de la planta.**

- **Patata,** su consumo es conveniente al contener **colina,** nutriente muy importante y versátil que en **los esfuerzos físicos** ayuda al **movimiento muscular,** al contener hierro, fósforo, calcio, magnesio y zinc, contribuye a la correcta formación y **mantenimiento de estructura ósea**, ver **descripción de la planta.**

- **Pimienta blanca,** el consumo **(solo cocinada en polvo),** es una excelente **fuente** de manganeso, bueno **para los huesos,** ver **descripción de la planta.**

- **Pimiento amarillo,** el consumo regular ayuda a mantener la **salud de los dientes y huesos,** ver **descripción de la planta.**

- **Pimiento verde,** su consumo, por los folatos, es necesario en la etapa de **crecimiento** de los niños en su dieta, es una buena forma de prevenir deficiencias, y en la **formación de los dientes.** Por el fósforo, calcio y magnesio, son importantes en la formación **de los huesos** y contra la **tuberculosis ósea,** ver **descripción de la planta.**

- **Plátano,** consumir Plátano y Naranja (natural o en zumo) **en los dos primeros años de vida** de los bebés puede reducir el riesgo en el desarrollo de la leucemia. Estudios indican que **comer al menos** un plátano al día reduce la probabilidad de desarrollar **asma ...Continúa en página siguiente**

... en un 34%. Beneficioso también para la protección y conservación de la **densidad ósea**, ver **descripciones de las plantas.**

- **Pomelo,** consumir al ser rico en vitamina C, colabora para **preservar la densidad de los huesos**, ver **descripción de la planta.**

- **Quina,** en infusión, **no alcohólica**, es efectiva para tratar problemas como **el raquitismo**, ver **descripción de la planta.**

- **Rábano,** en **mayores de 3 años**, regenera **o aumenta la** formación de colágeno **fortaleciendo los huesos.** Las hojas son una gran fuente de calcio, además de vitaminas A, C y K, fósforo, magnesio, hierro, ácido fólico y fibra, crudas, en tortilla, ensaladas, en zumos con otros vegetales, ver **descripción de la planta.**

- **Rúcula,** es beneficioso su consumo al contener vitamina K, que favorece que el organismo asimile el calcio, beneficioso **para los huesos**, ver **descripción de la planta.**

- **Sandía,** el consumo, por sus propiedades, mejora la **salud de los huesos.** Consumir zumo de sandía antes de una actividad física intensa, **ayuda a reducir el dolor muscular al día siguiente**, ver **descripción de la planta.**

- **Tomate,** su consumo ayuda en el mantenimiento de **dientes** y a mantener los **huesos sanos**, ver **descripción de la planta.**

- **Tomillo,** la infusión ingerida alivia los **dolores de huesos**, ver **descripción de la planta.**

- **Trigo,** su consumo es importante y beneficioso, por su fósforo, para la **salud ósea**, ver **descripción de la planta.**

Diarreas - Gastroenteritis

Nunca sustituir la medicación por los remedios naturales. Estos remedios son de apoyo, **siempre hay que consultar con el Pediatra.**

Para evitar problemas de caries, al utilizar infusiones ingeridas se aconseja, si fuese necesario endulzar, el utilizar cualquier edulcorante que se indica en el apartado **de Edulcorantes.**

- **Acacia,** gran astringente contra la **diarrea**, ver **descripción de la planta.**

- **Acerola,** al ser astringente se puede consumir este fruto para el tratamiento de **diarreas**, ver **descripción de la planta.**

- **Achiote,** contra la **diarrea**, la infusión de 2 gr. de la cáscara que envuelve la semilla en 100 ml. de agua, y tomar 3 veces al día, ver **descripción planta.**

- **Agrimonia,** la infusión para contrarrestar **diarreas,** es su uso más conocido, ver **descripción de la planta,** forma de uso **VII.**

- **Ajuga iva,** la infusión como **antidiarreico**, ver **descripción de la planta.**

- **Ambay,** es astringente y combate la **diarrea**, ver **descripción de la planta,** forma de uso **VII.**

- **Antennaria,** puede cortarse **la diarrea** con la infusión, ver **descripción de la planta.**

- **Arroz,** el líquido de su decocción utilizado como agua de día, es muy efectiva contra las **gastroenteritis, diarreas,** ver **descripción de la planta.**

- **Bistorta,** la infusión ingerida para las **diarreas** por sus virtudes astringentes, ver **descripción de la planta,** forma de uso **VII.**

- **Calabaza,** el puré actúa contra **las diarreas,** hervir 100 gr. de pulpa madura en un litro de agua, reducido a la mitad, triturar, y consumir, **puede tener efecto contrario** el exceso, ver **descripción de la planta.**

- **Caqui,** los taninos de algunas variedades, y de los **caquis que no han madurado** por completo, le confieren **propiedades astringentes para tratar diarreas**, ver **descripción de la planta.**

- **Cariofilada,** la infusión como tónico astringente combate **la diarrea,** es un buen **tónico estomacal** y en **problemas gastrointestinales**, ver **descripción de la planta,** forma de uso **VII (1).**

- **Castaño,** resalta su gran poder para combatir **las diarreas**, ver **descripción de la planta,** forma de uso **VII (1).**

- **Cedrón,** la infusión ingerida ayuda a controlar las **diarreas**, ver **descripción de la planta.**

- **Centeno,** su aporte de fibra y mucílagos favorece el tránsito intestinal con fácil evacuación, **a su vez al ser dual** puede actuar como **antidiarreico**, ver **descripción de la planta,** forma de consumo **VIII.**

- **Cereza / Cerezo,** la infusión de las hojas o rabillos de la fruta es eficaz contra la diarrea, ver **descripción de la planta.**

- **Cerraja,** el caldo de las hojas se utiliza para tratar **la diarrea**, ver **descripción de la planta,** forma de uso **VIII.**

- **Chequén,** la infusión es excelente **contra la diarrea,** también en lavativas, ver **descripción de la planta.**

- **Cilantro,** el consumo alivia en las **diarreas** causadas por una infección microbiana, ver **descripción de la planta.**

- **Cola de caballo,** la infusión ingerida se utiliza contra la **diarrea**, ver **descripción de la planta,** forma de uso **VII.**

- **Gayuba,** la infusión de sus hojas es un buen **antidiarreico**, edulcorar al gusto y beber, ver **descripción de la planta.**

- **Geranio,** la infusión ingerida, en pequeñas dosis, se utiliza **contra la diarrea**, ver **descripción de la planta.**

- **Granada,** la infusión ingerida de la cáscara y la corteza del árbol se utiliza contra **la diarrea,** su consumo ayuda por su propiedad astringente. Otro remedio es la infusión con 30 gr. de flores por litro de agua, dejar reposar durante 15 minutos, endulzar y beber, ver **descripción de la planta.**

- **Graviola,** es **antidiarreica** en casos de infección o trastornos alimenticios, ver **descripción de la planta.**

- **Higo chumbo o Tuna,** su consumo como astringente ayuda a controlar y **detener diarreas,** ver **descripción de la planta.**

- **Hinojo,** la infusión ingerida de sus hojas **o de sus semillas,** alivia la **diarrea,** ver **descripción de la planta,** forma de uso **VII.**

- **Hipérico,** la infusión actúa contra **la diarrea.** Se puede utilizar el **polvo encapsulado,** ver **descripción de la planta,** forma de uso **VII (1).**

- **Jazmín,** beber té de jazmín como ayuda en la prevención de enfermedades como **la diarrea,** ver **descripción de la planta.**

- **Kelp,** su consumo es bueno para **cortar la diarrea,** debido al ácido algínico o algina, ver **descripción de la planta.**

- **Kudzu,** el consumo es **antidiarreico,** pero una vez regulada la flora intestinal al ser de actuación **bipolar** lo hace como laxante, ver **descripción de la planta.**

- **Lilo,** la infusión ingerida de la corteza o flores para tratar **la diarrea,** ver **descripción de la planta.**

- **Lisimaquia,** la infusión ingerida es ideal para **detener y curar las diarreas,** mostrando una gran actividad curativa principalmente cuando conllevan peligro de deshidratación, ver **descripción de la planta.**

- **Llantén mayor,** la infusión ingerida ayuda a sanar problemas como **las diarreas,** ver **descripción de la planta,** forma de uso **VII.**

- **Lúpulo,** la infusión ingerida (cualquiera), es recomendada para tratar **enfermedades del sistema digestivo y estomacal** como la **colitis,** ver **descripción de la planta,** forma de uso **VII.**

- **Madreselva,** la infusión ingerida se utiliza con efectividad **en la disentería intestinal**, ver **descripción de la planta,** forma de uso **VII.**

- **Malvavisco,** la infusión ingerida **de las hojas y raíces** se utiliza para tratar **la diarrea**, ver **descripción de la planta.**

- **Manzana,** el zumo o consumida directamente es **astringente** para combatir **las diarreas**, ver **descripción de la planta.**

- **Melisa,** la infusión ingerida es **ligeramente astringente** y buena para **atajar diarreas** ocasionales, ver **descripción de la planta.**

- **Membrillo,** su consumo es muy eficaz para tratar **las diarreas,** ver **descripción de la planta.**

- **Nogal,** la infusión se utiliza por sus propiedades antiespasmódicas **como antidiarreico,** ver **descripción de la planta,** forma de uso **VII.**

- **Nogal americano,** la infusión de la corteza puede tratar con efectividad la **diarrea,** ver **descripción de la planta.**

- **Olmo,** la infusión ingerida se utiliza contra **la diarrea,** ver **descripción de la planta,** forma de uso **VII.**

- **Orégano,** la infusión ingerida combate **los procesos diarreicos,** ver **descripción de la planta,** forma de uso **VII.**

- **Ortiga muerta,** la infusión de las flores y puntas floridas ingerida, o cocinadas, actúan y curan las **diarreas,** ver **descripción de la planta,** formas de uso **VII y VIII.**

- **Palo colorado,** para el **intestino** y contra **la disentería,** ver **descripción de la planta,** forma de uso **VII.**

- **Pareira brava,** actúa de **forma dual,** como **laxante y purgante** en caso de estreñimiento, **y contra la** disentería, ver **descripción de la planta.**

- **Psoralea,** la infusión ingerida combate la **diarrea,** ver **descripción de la planta,** forma de uso **VII.**

- **Pulicaria,** la infusión ingerida es eficaz, contra la disentería, **diarreas intensas,** ver **descripción de la planta.**

- **Roble albar,** la infusión ingerida **3 o 4** veces diarias, alivia o corta **la diarrea,** ver **descripción de la planta,** forma de uso **VII.**

- **Salep,** como **antidiarreico** es muy utilizado en los pequeños, ver **descripción de la planta.**

- **Salicaria,** la infusión se usa principalmente en tratamiento de **diarreas infantiles con peligro de deshidratación** donde muestra una sorprendente actividad, **utilizar con suma precaución,** ver **descripción de la planta.**

- **Salvia,** ingerida se puede utilizar **a partir de 6 años, nunca más de tres infusiones diarias,** contra **la diarrea,** ver **descripción de la planta.**

- **Sanguinaria del Canadá,** la infusión ingerida es perfecta **para evitar la diarrea,** ver **descripción de la planta,** forma de uso **VII.**

- **Sanícula,** la infusión ingerida combate **la disentería** y los parásitos intestinales, ver **descripción de la planta.**

- **Serbal,** la cocción ingerida (incluso los frutos secos), se utiliza contra **la diarrea,** ver **descripción de la planta,** forma de uso **VII (1).**

- **Serpol,** la infusión para las **diarreas,** ver **descripción de la planta.**

- **Tamarindo,** la infusión ingerida ayuda a mantener bien **hidratado** el cuerpo en los estados de deshidratación **y diarreas**, ver **descripción de la planta,** forma de uso **VII.**

- **Té de roca,** la infusión ingerida **puede actuar de forma dual** contra **la diarrea y como laxante**, ver **descripción de la planta.**

- **Té rooibos,** la infusión ingerida, **conviene vigilar en los más pequeños, dada su propiedad dual,** puede ser un remedio tradicional adecuado **en caso de diarrea o estreñimiento**, ver **descripción de la planta.**

- **Tifa,** la infusión ingerida se utiliza **para la diarrea** o disentería, para regular el sistema digestivo estomacal, ver **descripción de la planta.**

- **Tomate,** conviene **vigilar su consumo en los más pequeños,** tiene la facultad de ser **dual**, puede prevenir el **estreñimiento y la diarrea**, ver **descripción de la planta.**

- **Tomillo,** infusión de gran eficacia para tratar **la diarrea**, ver **descripción de la planta.**

- **Tomillo cabezudo,** la infusión ingerida se utiliza para **disminuir y cortar las diarreas**, ver **descripción de la planta.**

- **Trébol,** la infusión ingerida actúa como **astringente contra las diarreas**, ver **descripción de la planta.**

- **Verdolaga,** utilizar **el jugo** en **casos de diarreas**, ver **descripción planta.**

- **Verónica,** la infusión ingerida al ser astringente se utiliza **contra las diarreas**, ver **descripción de la planta.**

- **Zarza o Zarzamora,** la infusión de sus hojas y el jugo de los frutos se utiliza para **combatir las diarreas**, ver **descripción de la planta.**

Fiebres - Garganta

Nunca sustituir la medicación por los remedios naturales. Estos remedios son de apoyo, **siempre hay que consultar con el Pediatra.**

Para evitar problemas de caries, al utilizar infusiones ingeridas se aconseja, si fuese necesario endulzar, el utilizar cualquier edulcorante que se indica en el apartado **de Edulcorantes.**

- **Acacia,** en gargarismos se utiliza para infecciones de **garganta**, ver **descripción de la planta.**

- **Achiote,** para las **inflamaciones de garganta,** la infusión de un manojo de hierbas de Achiote y una cucharada de postre de Jengibre, en un litro de agua, realizar enjuagues cada 8 h. como mínimo, ver **descripciones de las plantas.**

- **Aciano,** ayuda a **disminuir la fiebre** en casos de infecciones combina sus propiedades antibióticas con las desinflamantes y las antipiréticas, **rico en mucílago**, taninos, flavonoides, abundantes pigmentos colorantes y sales minerales, ver **descripción de la planta,** forma de uso **VII.**

- **Agrimonia,** en enjuagues o gargarismos ayuda a la sanación de **inflamaciones de garganta,** ver **descripción de la planta,** forma de uso **VII.**

- **Ajuga iva,** mediante gargarismos para la garganta **contra la faringitis,** sin edulcorar, ver **descripción de la planta.**

- **Ambay,** actúa contra la **fiebre,** y a resolver problemas de la **garganta** como anginas, ver **descripción de la planta,** forma de uso **VII.**

- **Antennaria,** la infusión para bajar la **fiebre,** endulzar al gusto. En **gargarismos** mejora las inflamaciones de **garganta, afonías, amigdalitis, faringitis (sin edulcorar),** ver **descripción de la planta.**

- **Arroz,** el agua resultante de la decocción del arroz es beneficiosa en los **procesos febriles,** desde bebés, ver **descripción de la planta.**

- **Avellano,** alivia **la fiebre**, ver **descripción de la planta,** forma de uso **VII.**

- **Azafrán,** beber una taza de infusión con 0,5 gr. en 250 ml de agua hirviendo, es un buen remedio. Potente diaforético, es decir, que favorece a la sudoración, siendo **ideal para los cuadros de fiebre**, ver **descripción de la planta.**

- **Bergamota,** apreciado antipirético **contra la fiebre** para el paludismo. El aceite diluido aplicado en **inhalaciones, gárgaras y masajes** se obtiene una pronta recuperación en la **garganta**, ver **descripción de la planta.**

- **Bistorta,** la infusión y la licuación por sus virtudes demulcentes favorecen la **garganta, laringitis (afonías) y faringitis** al realizar gargarismo con las infusiones, ver **descripción de la planta,** formas de uso **VII y IX.**

- **Cálamo aromático,** la infusión o licuación ingerida, **utilizar a partir de los 3 años,** es buen sudorífico ayudando a **combatir la fiebre**, ver **descripción de la planta,** formas de uso **VII y IX.**

- **Canchalagua,** se utiliza como **antiinflamatorio** y sudorífica **para cortar la fiebre intermitente,** y ayuda en las convalecencias, ver **descripción de la planta,** forma de uso **VII.**

- **Canela,** la infusión es muy útil para equilibrar la temperatura corporal, por lo que **reduce la fiebre.** También se utiliza para los **dolores de garganta**, mejora las anginas, faringitis y laringitis (también en gargarismos), ver **descripción de la planta.**

- **Canela con miel,** combate y alivia las afecciones de **garganta (a partir de 1 año)** mezclando una cucharada sopera con agua tibia y tomar a sorbos en gárgaras, ver **descripción de la planta y de la Miel.**

- **Caña de azúcar,** ideal para los **trastornos febriles** que pueden conducir a convulsiones y pérdida de proteínas en el cuerpo, ayudando...**Continúa**

... a compensar esas pérdidas de proteínas y **en la recuperación**, ver **descripción de la planta,** forma de uso **IX.**

- **Caña de limón o Citronela,** la infusión ingerida, **utilizar las bolsitas ya elaboradas,** tiene propiedades **febrífugas,** ver **descripción de la planta.**

- **Cariofilada,** se utiliza en **gargarismos y bebida** para inflamaciones de garganta por **faringitis, anginas o laringitis, afonías.** Contra calenturas y **fiebres,** ver **descripción de la planta,** forma de uso **VII (2).**

- **Cártamo,** sirve como diaforético, un té caliente produce una transpiración profusa induciendo la misma a un descenso de la temperatura corporal **(baja la fiebre), y** todas las **enfermedades febriles.** También en el tratamiento del **sarampión,** ver **descripción de la planta.**

- **Castaño,** se utiliza contra inflamaciones de la **garganta, anginas, faringitis, y de la laringitis,** causante de las **afonías,** ver **descripción de la planta,** forma de uso **VII (1 y 3).**

- **Cerraja,** el caldo de **las hojas y de las raíces** pueden reducir **la fiebre,** ver **descripción de la planta,** forma de uso **VIII.**

- **Chachacoma,** excelente para combatir la tos convulsa, en jarabe, **consultar al médico o especialista la forma de uso.** Se siente alivio a partir del tercer día de tratamiento, ver **descripción de la planta.**

- **Ciruelo / Pruno,** la infusión de la corteza al ser astringente **quita la fiebre,** ver **descripción de la planta.**

- **Cola de caballo,** la infusión mediante **enjuagues y gargarismos** combate **las inflamaciones en la garganta,** ver **descripción de la planta,** forma de uso **VII.**

- **Fresal,** la infusión ingerida de sus hojas y raíces se utiliza **para la garganta** en las faringitis y estomatitis, realizando enjuagues o gargarismos, **sin edulcorar,** ver **descripción de la planta,** forma de uso **VII.**

- **Fresno,** la infusión ingerida como antipirética, **baja la fiebre** y como remedio contra **la gripe,** ver **descripción de la planta.**

- **Gatera,** la infusión se utiliza para bajar las **fiebres**. También en las afecciones de **garganta** (nasal y faríngea), en la amigdalitis (mediante cataplasmas en el cuello), ver **descripción de la planta.**

- **Gatuña,** se utiliza en **problemas de anginas** (en gargarismos de forma templada), ver **descripción de la planta,** forma de uso **VII.**

- **Geranio,** la infusión ingerida y en gargarismos, contra la irritación de **garganta o amigdalitis**, ver **descripción de la planta,** forma de uso **VII.**

- **Higo,** para la **inflamación de garganta** se debe hervir durante ¼ de hora 20 gr. de higos secos a pedacitos. Añadir una cucharada de miel **(en mayores de 1 año),** filtrar y enjuagar con el líquido bien caliente. Otra opción es su cocimiento en leche para gargarismos, ver **descripción de la planta y de la Miel.**

- **Hinojo,** contra el **bloqueo de la garganta** causante de la apnea del sueño, **insomnio y ronquera,** ver **descripción de planta,** forma de uso **VII.**

- **Hipérico,** la infusión ingerida o en gargarismos se utiliza para las infecciones **de garganta.** También se puede utilizar **polvo encapsulado,** ver **descripción de la planta,** forma de uso **VII (1).**

- **Kudzu,** su consumo ayuda a reducir la **fiebre** en los procesos relacionados con **resfriados,** cuadros de **tos,** ver **descripción de la planta.**

- **Lechuga virosa,** muy empleado el jarabe contra los dolores de **garganta, faringitis,** ver **descripción de la planta.**

- **Lilo,** la infusión ingerida de la corteza o flores contra la **fiebre e hipertermia,** en problemas de **garganta, afonías, ronqueras,** ver **descripción de la planta.**

- **Limón,** su consumo con miel (**en mayores de 1 año**) o agua, suaviza y mejora las **afecciones de garganta**, ver **descripción de la planta.**

- **Liquen de Islandia,** la doble decocción ingerida por los componentes reunidos resulta especialmente indicada en **malestares de la garganta,** en laringitis, faringitis, causantes de **afonías y ronqueras,** se pueden tomar tres tazas al día, ver **descripción de la planta,** forma de uso **VII.**

- **Lisimaquia,** la infusión ingerida o en enjuagues es muy útil en la **garganta** para tratar y sanar **faringitis**, ver **descripción de la planta.**

- **Llantén mayor,** ingerida y en gargarismos buena en problemas de **garganta,** laringitis, faringitis, **afonías. Ingerida es muy utilizada** para **bajar la fiebre,** ver **descripción de la planta,** forma de uso **VII.**

- **Madreselva,** la infusión ingerida y en gargarismos, se utiliza con éxito como **antiinflamatorio** para la **garganta,** afecciones laríngeas, faríngeas, infecciones internas, **afonías.** La infusión de la **corteza** es eficaz contra la **inflamación de los ganglios linfáticos y las paperas,** ver **descripción de la planta,** forma de uso **VII.**

- **Malva,** la infusión **ingerida o en gargarismos** es muy efectiva en problemas de la **garganta** como **anginas,** faringitis, **afonía, ronquera,** sibilancia, ver **descripción de la planta.**

- **Manzana,** su consumo es buena ayuda **contra la fiebre,** ver **descripción de la planta.**

- **Manzanilla común,** la infusión en gárgaras para la **garganta** se utiliza contra sus malestares en general. **También** los gargarismos de la **infusión de manzanilla con:** salvia, alivia los dolores de **garganta y la amigdalitis,** ver **descripción de la planta.**

- **Melisa,** la infusión ingerida ayuda a bajar casos **de fiebre,** ver **descripción de la planta.**

- **Melón cantalupo,** el zumo de su pulpa se utiliza para **bajar la fiebre**, ver **descripción de la planta.**

- **Membrillo,** para los **problemas de garganta** en las afecciones e inflamaciones se utiliza la infusión para realizar gárgaras, se debe cocinar 2 o 3 membrillos con piel y semillas. Colar y extraer el jugo, reposar unos días para mezclarlo con 1 vaso de agua tibia y utilizar, ver **descripción de planta.**

- **Menta,** ver **en Hinojo** forma de uso **VII,** ver **descripciones de las plantas.**

- **Menta de lobo,** la infusión ingerida se utiliza **comúnmente** para aliviar el dolor de **garganta**, ver **descripción de la planta.**

- **Mirra,** la infusión **ingerida y en gargarismos** es sumamente útil para **la garganta** ayuda en caso de **faringitis, laringitis**, ver **descripción de planta.**

- **Mirto,** la infusión en gargarismos (**en mayores de 6 años**), combate problemas de la **garganta**, como la **laringitis, afonía o ronqueras**, ver **descripción de la planta,** forma de uso **VII.**

- **Mora negra,** el jugo de sus frutos es refrescante y vigorizante en caso de **fiebre**. La infusión de sus hojas actúa en dolencias de **garganta, amigdalitis, laringitis** (incluso ronqueras o afonías). También **en gargarismos,** ver **descripción de la planta,** forma de consumo **VIII.**

- **Mostaza blanca,** su consumo y en gargarismos ayuda en las afecciones de la **garganta** como las **anginas**, ver **descripción de la planta.**

- **Mostaza negra,** su consumo **contra la fiebre** actúa como febrífugo tomando de 5 a 6 granos enteros de mostaza negra, disuelta en una taza de agua. Su consumo o en gargarismos ayuda en las **afecciones de la garganta**, ver **descripción de la planta.**

- **Nevadilla,** la infusión ingerida o en uso tópico para **bajar la fiebre**, ver **descripción de la planta.**

- **Nogal americano,** la infusión de la corteza ingerida para **tratar la difteria en la garganta.** En **gargarismo** es efectiva contra las **afonías y ronqueras.** Buena para tratar tipos de **fiebre como la malaria,** ver **descripción de la planta.**

- **Olivo,** la infusión **de hojas y corteza** ingerida sirve para **bajar la fiebre,** ver **descripción de la planta.**

- **Olmo,** la infusión ingerida se utiliza contra las **fiebres tifoideas,** ver **descripción de la planta,** forma de uso **VII.**

- **Orégano,** la infusión **ingerida** combate la **faringitis y amigdalitis** en las dolencias de **garganta,** también en gargarismos, **sin edulcorar,** ver **descripción de la planta,** forma de uso **VII.**

- **Oreja de Judas,** su consumo ayuda a sanar **gargantas inflamadas e irritadas** siendo ideal para tratar **anginas,** ver **descripción de la planta.**

- **Ortiga muerta,** la infusión de **la raíz, ingerida o en gargarismo,** para inflamaciones de la **garganta, faringitis.** También la **tintura en uso tópico externo,** ver **descripción de la planta.**

- **Pachuli,** en uso tópico, diluido en otro aceite **ayuda** a combatir las infecciones que causan **fiebre** y **reduce la temperatura del cuerpo,** mediante masajes, ver **descripción de la planta.**

- **Palo colorado,** para los problemas de **garganta** se utiliza la decocción de corteza y hojas. El cocimiento de las raíces, colada y en gargarismos, dos o tres veces al día, ver **descripción de la planta,** forma de uso **VII.**

- **Pareira brava,** la infusión ingerida es útil en caso de **fiebres tifoideas,** ver **descripción de la planta.**

- **Pasas de uva,** su consumo tiene **propiedades germicidas,** se utilizan mucho para **bajar la fiebre,** ver **descripción de la planta.**

- **Pensamiento,** la infusión se utiliza en **malestares de la garganta** como dolores y **faringitis** (también en gargarismos), ver **descripción de la planta.**

- **Pimienta blanca,** consumir **(solo cocinada en polvo),** para bajar **la fiebre**, ver **descripción de la planta.**

- **Pimienta negra,** la infusión ingerida, (sin exceso) se utiliza para bajar **la fiebre**, ver **descripción de la planta.**

- **Pimiento verde,** su cocimiento **realizando gárgaras,** en las afecciones de garganta cura la faringitis, ver **descripción de planta.**

- **Pulmonaria,** eficaz en casos de **inflamaciones de garganta y laringe**. Se recomienda tomar 3 ó 4 tazas diarias de decocción bien caliente, y realizar, además, gárgaras con el mismo cocimiento, pero tibio, ver **descripción de la planta,** forma de uso **VII.**

- **Rábano,** en **mayores de 3 años, despejan los** senos nasales y calma el dolor **de garganta,** ver **descripción de la planta.**

- **Remolacha,** realizar **gárgaras** en afecciones de **la garganta** como las **anginas,** es conveniente rayar y mezclar con una cucharada de vinagre, licuar hasta que suelte todo el jugo, ver **descripción planta.**

- **Roble albar,** para las afecciones de **garganta** como antiséptico combate la **faringitis, amigdalitis y laringitis** cuanto afecte a **afonía o ronquera.** Realizar una infusión vertiendo 2 cucharadas de corteza lavada en una taza de agua hirviendo. Reposar, enfriar, filtrar y realizar gárgaras varias veces al día, ver **descripción de la planta.**

- **Salicaria,** la infusión ingerida **(con precaución)** o en gargarismos para dolores de la **garganta y faringitis,** ver **descripción de la planta.**

- **Salvia,** contra los **dolores de garganta** se puede utilizar ingerida **(a partir de 6 años),** pero **nunca más de tres infusiones diarias. ... Continúa**

... **También** alivia los **dolores de garganta y amigdalitis** realizando gargarismos de Salvia con Manzanilla. Otra opción ver **en Hinojo,** ver **descripciones de las plantas.**

- **Salvia romana,** la infusión ingerida para la **garganta irritada.** Contra los dolores y afecciones de garganta como **amigdalitis,** irritación de la **laringitis, afonías y ronqueras,** también mediante compresas, ver **descripciones de las plantas,** forma de uso **VII (4).**

- **Sanguinaria del Canadá,** la infusión ingerida se utiliza para los malestares de **la garganta,** también en gargarismos, ver **descripción de la planta,** forma de uso **VII.**

- **Sanícula,** la infusión **en gargarismos o enjuagues** combate las afecciones de **garganta** se utiliza en casos de **faringitis, amigdalitis, laringitis,** y de **afonías,** ver **descripción de la planta.**

- **Saúco,** la infusión ingerida y en gargarismos (sin edulcorar) para **irritación** de **garganta y la amigdalitis,** ver **descripción de la planta.**

- **Serpol,** ingerida, en gargarismos o enjuagues, se utiliza en las **afecciones de garganta** y para las **faringitis,** ver **descripción de la planta.**

- **Tamarindo,** la infusión ingerida se utiliza para **combatir** las **fiebres biliosas** e inflamatorias, por malarias, ver **descripción de la planta,** forma de uso **VII.**

- **Tanaceto,** la infusión ingerida actúa contra **la fiebre** al ser sudorífica, febrífugo (fiebre remitente), ver **descripción de la planta.**

- **Tila,** la infusión ingerida es un antipirético que se usa para los **casos de fiebre leve,** ver **descripción de la planta.**

- **Tila alpina,** la infusión por su propiedad **diaforética resulta** ideal **para la fiebre** al controlar la temperatura interna del organismo, y provocar un aumento de sudoración, ver **descripción de la planta.**

- **Tomillo,** la infusión ingerida o en gárgaras combate el dolor de **garganta, laringitis, faringitis, amigdalitis,** ver **descripción de la planta.**

- **Trébol,** la infusión ingerida se utiliza para las **inflamaciones** en general, pero también las glandulares, **previene las paperas.** Combate **la fiebre,** ver **descripción de la planta.**

- **Tronadora,** la infusión ingerida **baja la fiebre** o los síntomas de calentura, ver **descripción de la planta.**

- **Vainilla,** la infusión ingerida ayuda a **bajar la fiebre,** ver **descripción de la planta.**

- **Valeriana,** la infusión en gargarismos de Hinojo, Menta, Salvia **(a partir de 6 años),** y Valeriana, contra el **bloqueo de la garganta** causante de la apnea del sueño, **insomnio y ronquera,** ver **descripciones de las plantas.**

- **Verónica,** la infusión mediante gargarismos se emplea contra la irritación de **garganta, amigdalitis, laringitis, faringitis,** ver **descripción de la planta.**

- **Yerba santa,** la infusión ayuda a bajar **la fiebre.** También ingerida o en uso tópico actúa en afecciones de la **garganta** como **la laringitis,** que podría ocasionar **ronqueras y afonías** (en gargarismos), ver **descripción de planta.**

- **Zarza,** el jugo de sus frutos es una bebida **refrescante** y tonificante que ayuda en **caso de fiebre.** La infusión de sus hojas actúa contra los malestares de la **garganta, anginas, laringe** (también en gargarismos), ver **descripción de la planta.**

Heridas - Ampollas

Nunca sustituir la medicación por los remedios naturales. Estos remedios son de apoyo, **siempre hay que consultar con el Pediatra.**

- **Ajo,** se utiliza el jugo de 2 ó 3 dientes de ajo directamente sobre las **ampollas,** ver **descripción de la planta.**

- **Ajuga iva,** la infusión en uso tópico aplicada **en forma de lavados o apósitos** para las **heridas** superficiales, ver **descripción de la planta.**

- **Árbol de Té,** en uso tópico aplicar con una bolita de algodón mezclada con agua sobre **las ampollas** 2 veces al día, con el fin de calmar el dolor y prevenir infección, ver **descripción de la planta.**

- **Cariofilada,** su utilización es en uso tópico, ver **descripción de la planta,** forma de uso **IV.**

- **Cáscara de huevo,** utilizar como vendaje la parte interna de la cáscara de huevo, posee una fina película transparente muy útil **para curar cortes y arañazos,** ver **descripción de la Cáscara de huevo.**

- **Cebolla,** beber el líquido resultante al hervirla con un poco de miel (**solo mayores de 1 año**), se utiliza para **heridas internas,** ver **descripción de la planta y de la Miel.**

- **Cerraja,** el caldo de las hojas en uso tópico para tratamiento de **hemorragias en heridas,** ver **descripción de la planta,** forma de uso **VIII.**

- **Col de Bruselas,** se utiliza para **curar heridas antiguas,** lavar primero con agua caliente y después aplicar coles muy machacadas (directamente en la piel, con en una gasa de algodón o similar). En **heridas recientes** se aconseja poner simplemente unas hojas de col directamente durante una media hora, ver **descripción de la planta.**

- **Equinácea,** es suficiente diluir 5 gotas de su tintura en media cucharadita (de postre) de agua e impregnar un apósito y aplicar directamente sobre **la ampolla**, ver **descripción de la planta.**

- **Llantén mayor,** calentar las hojas para poner en cataplasmas, sus propiedades **curan y alivian** inflamaciones y **detiene hemorragias de las heridas.** Las **úlceras cutáneas** se alivian mediante lavados o apósitos, ver **descripción de la planta.**

- **Maicena,** para **evitar una infección** si revientan las **ampollas** aplicar una pasta de maicena y miel. También utiliza para tratar **pequeñas heridas** al tener propiedades antisépticas y cicatrizantes, ver **descripción de la planta Maíz, de la Maicena y de la Miel.**

- **Malvavisco,** la infusión **de las hojas y raíces,** mediante lavados sirve para limpiar y sanar **pequeñas heridas**, ver **descripción de la planta.**

- **Manzana,** en uso tópico mediante la cataplasma de una papilla de manzana se utiliza para sanar **las heridas**, ver **descripción de la planta.**

- **Manzanilla común,** la infusión en uso tópico se utiliza para las ampollas, cicatrizaciones **de cortes** o **heridas**, ver **descripción de la planta.**

- **Marrubio,** la infusión **en uso tópico** se utiliza en **heridas infectadas o mal cicatrizadas** mediante lavados y apósitos, ver **descripción de la planta.**

- **Mejorana,** la infusión en **uso tópico,** en lavados o apósitos, alivia y cura las **heridas leves**, ver **descripción de la planta.**

- **Miel,** para las **ampollas** utilizar una mezcla a partes iguales de miel y aceite de germen de Trigo, aplicar en la zona para reducir la fricción o irritación que pudiera existir, ver **descripción de la planta y de la Miel.**

- **Mirra,** la infusión o el aceite en uso tópico es de acción refrescante **para las ampollas,** también ayuda a curar y desinfectar **heridas, llagas** y las **úlceras cutáneas**, ver **descripción de la planta.**

- **Mirto,** la licuación y su aceite se utilizan como antiséptico en uso tópico para **limpiar heridas, llagas y furúnculos** en la piel, ver **descripción de la planta,** formas de uso **VI** y **IX.**

- **Nogal,** la infusión de sus hojas en uso tópico como lavados o apósitos, para las **heridas supurantes,** ver **descripción de la planta,** forma de uso **VII.**

- **Olmo,** la infusión en uso tópico, como lavados, **desinfecta y cicatriza heridas,** ver **descripción de la planta,** forma de uso **VII.**

- **Orégano,** utilizado mediante lavados y apósitos, **desinfecta y cicatriza las heridas,** ver **descripción de la planta,** forma de uso **IV.**

- **Oreja de oso,** la infusión en uso tópico, en forma de baños, o lavados para las **heridas purulentas,** ver **descripción de la planta.**

- **Ortiga muerta,** la infusión y en polvo es beneficiosa para curar hemorragias como un buen **coagulante** en **las heridas.** ver **descripción de la planta,** forma de uso **VII.**

- **Oruga marítima,** el zumo es un remedio eficaz como **cicatrizante de las heridas,** ver **descripción de la planta.**

- **Pachuli,** en uso tópico diluido en otro aceite se utiliza para tratar para **cicatrizar heridas** y ayuda **a calmar** la inflamación o irritación, ver **descripción de la planta.**

- **Palo colorado,** la corteza con hojas, mediante lavados se usa para las heridas, ver **descripción de la planta,** forma de uso **VII.**

- **Papaya,** su consumo a **partir de 3 años,** ayuda a la **coagulación de las heridas internas y externas,** por su contenido en fibrina, sustancia fácilmente asimilable y valiosa, ver **descripción de la planta.**

- **Pensamiento,** la infusión en uso tópico mediante lavados o apósitos, se utiliza para **heridas superficiales,** ver **descripción de la planta.**

- **Psoralea,** la infusión o el emplasto se utiliza para curar **las llagas y heridas,** ver **descripción de la planta,** formas de uso **IV y VII.**

- **Pulicaria,** la infusión en uso tópico se utiliza para las **heridas** (en lavados y apósitos), ver **descripción de la planta.**

- **Retama de los tintoreros,** la infusión **en uso tópico** mediante lavados o apósitos sana y alivia **las heridas,** ver **descripción de la planta.**

- **Roble albar,** la infusión en uso tópico es remedio astringente, en lavados a apósitos contra **fisuras del ano,** para **cicatrizar heridas de lenta curación, eccemas, quemaduras, sabañones,** ver **descripción de la planta,** forma de uso **VII.**

- **Salicaria,** la infusión en lavados para sanar **las heridas,** ver **descripción de la planta.**

- **Salvia,** la infusión se utiliza en lavados o apósitos como cicatrizante de las **heridas,** ver **descripción de la planta.**

- **Salvia romana,** en uso tópico para moderar y calmar inflamaciones, **aliviar abscesos, tumefacciones y heridas,** ver **descripción de la planta,** formas de uso **VII (8 y 9).**

- **Sanícula,** la infusión **en uso tópico** se utiliza en lavados o apósitos **para las heridas,** ver **descripción de la planta.**

- **Serbal,** la cocción y la tintura en uso tópico se utiliza para sanar **las heridas,** ver **descripción de la planta,** forma de uso **VII (1).**

- **Serpol,** se utiliza la infusión mediante lavados o apósitos para sanar **las heridas,** ver **descripción de la planta.**

- **Tanaceto,** la infusión como antiinflamatorio y cicatrizante **para las heridas.** Hervir 30 gr. de flores y tallos en 1 litro de agua. Tapar y utilizar en lavados o apósitos tras reposar, ver **descripción de la planta.**

- **Té de roca,** la infusión en uso tópico limpia las **heridas**, ver **descripción de la planta.**

- **Tomate,** para **sanar las heridas** se usa en forma de emplasto, ver **descripción de la planta.**

- **Tomillo,** la infusión en uso tópico es muy útil para **cerrar, cicatrizar y sanar heridas**, ver **descripción de la planta.**

- **Trigo,** para **las ampollas,** mezclar a **partes iguales de miel y aceite de germen de trigo,** aplicar para reducir la fricción o irritación existente. Contiene selenio, antioxidante que protege las células, el zinc contribuye en la **sanación de heridas**, ver **descripción de la planta y de la Miel.**

- **Vellosilla,** la infusión ingerida o en uso tópico al ser **coagulante** puede ser empleada como antihemorrágico en caso de **hemorragia nasal**, ver **descripción de la planta.**

- **Verdolaga,** la infusión se utiliza mediante cataplasmas o apósitos para **las heridas.** También las sumidades floridas como antihemorrágicas, ver **descripción de la planta.**

- **Verónica,** la infusión se utiliza mediante cataplasmas, para la curación **de las llagas y las heridas**, ver **descripción de la planta.**

- **Vid,** aspirar un poco el polvo obtenido al machacar hojas secas como astringente y coagulante para **detener las hemorragias nasales o epistaxis.** También para detener las hemorragias de **heridas,** extender polvo sobre ellas, ver **descripción de la planta.**

- **Zanahoria,** colocar sobre las **ampollas,** zanahoria rallada mediante cataplasma, ver **descripción de la planta.**

Hipo

Nunca sustituir la medicación por los remedios naturales. Estos remedios son de apoyo, **siempre hay que consultar con el Pediatra.**

Para evitar problemas de caries, al utilizar infusiones ingeridas se aconseja, si fuese necesario endulzar utilizar con cualquier edulcorante que se indica en el apartado **de Edulcorantes.**

- Abrótano macho, la infusión con una pizca de Menta y otra de Abrótano macho, endulzada con Miel, **para mayores de 6 años,** suele ser efectiva contra el hipo, ver **descripciones de las plantas y de la Miel.**

- Agua, con azúcar de caña (preferiblemente) suele ser muy efectivo contra el hipo al relajar el musculo del diafragma. **En forma de hielo,** mantener un trozo (envuelto en tela) durante un minuto junto a la nuez de Adán, suele ser una alternativa contra el hipo, ver **descripción de la planta.**

- Caña de azúcar, el agua **con azúcar de caña** (preferiblemente) suele ser efectivo contra **el hipo** al relajar el musculo del diafragma, ver **descripción de la planta.**

- Cardamomo, hervir ½ cucharadita de cardamomo en polvo fresco en 2 tazas de agua, colar y beber, **mayores de 6 años,** un vaso de esta agua tibia **para detener el hipo,** ver **descripción de la planta.**

- Melisa, la infusión ingerida suele ser **efectiva contra el hipo** al añadir una pizca de menta y otra de melisa, endulzada con miel **(a partir de 1 año),** ver **descripciones de las plantas y de la Miel.**

- Menta, la infusión de la menta sola es buena **para el hipo.** También **se puede combinar** ver **en Melisa.** Otra opción **en mayores de 6 años** ver **en Abrótano macho,** ver **descripciones de las plantas.**

- Mostaza blanca, contra **el hipo,** al ser uno de los remedios caseros más eficaces, mezclar ½ cucharadita de postre con semillas de...**Continúa**

... mostaza y ½ cucharadita de postre con manteca pura y tragar la mezcla. Se detendrá el hipo rápidamente, ver **descripción de la planta.**

Intestinos - Laxantes - Lombrices

Nunca sustituir la medicación por los remedios naturales. Estos remedios son de apoyo, **siempre hay que consultar con el Pediatra.**

Para evitar problemas de caries, al utilizar infusiones ingeridas se aconseja, si fuese necesario endulzar, el utilizar cualquier edulcorante que se indica en el apartado **de Edulcorantes.**

- Aceite de oliva, su consumo **ayuda como laxante** por su poder para el estreñimiento. Es recomendable consumir pan con aceite regularmente, en el desayuno o la merienda, o una cucharada en ayunas, ver **descripción del Aceite de oliva.**

- Acelga, su consumo mantiene un buen **tránsito intestinal** y evita el estreñimiento, ver **descripción de la planta.**

- Agar Agar, de fácil digestión, adecuado para menores y en enfermos. Regula el **tránsito intestinal** de manera suave, sin los efectos irritantes asociados a los **laxantes**, al ser un alimento muy rico en fibra, ver **descripción de la planta.**

- Agave tequilana, la infusión estimula el crecimiento de la **flora intestinal**, ver **descripción de la planta.**

- Ajo, ayuda a combatir y eliminar el **estreñimiento**, desparasitan y eliminan las molestas **lombrices**, ver **descripción de la planta.**

- Algarroba, actúa como **laxante** al regular **el tránsito intestinal** dado su alto contenido en **proteínas, vegetales, fibra e** hidratos de carbono, vitaminas A y del grupo B, ver **descripción de la planta.**

- **Alholva,** como **laxante** para el estreñimiento, ver **descripción de la planta**. formas de uso **VII y VIII.**

- **Almendro,** actúa eficazmente **como laxante** suministrado en ayunas a **un niño**, ver **descripción de la planta,** forma de uso **VI.**

- **Aloe vera,** el ingerir su gel interior o pulpa (existen preparados) tiene **efecto laxante**, ver **descripción de la planta.**

- **Amaranto,** se utiliza para el estreñimiento **como laxante**, ver **descripción de la planta.** forma de uso **VIII.**

- **Ananá o Piña tropical,** resulta ser muy efectiva **como laxante** en ayunas, repetir cuando vuelva el estreñimiento, ver **descripción de la planta,** forma de uso **IX.**

- **Asafétida,** combate el síndrome del **intestino irritable (SII).** Excelente **laxante**, previene el estreñimiento. Actúa contra **las lombrices**, ver **descripción de la planta.**

- **Avellana,** el Manganeso y la fibra puede promover la **digestión,** el tránsito **intestinal** y eliminación de toxinas, ver **descripción de la planta.**

- **Avellano,** mejora el funcionamiento del **tránsito intestinal** y la **inflamación del intestino grueso** (mejor después de comer), ver **descripción de la planta,** forma de uso **VII.**

- **Avena,** por su contenido en fibras es **un excelente laxante,** siendo suavizante de la mucosa gástrica, **aumentando** el **tránsito intestinal**, y actuando como regulador metabólico, ver **descripción de la planta,** forma de uso **VII.**

- **Azufaifo o Jinjolero,** el fruto contiene abundantes mucílagos que forman en **el intestino,** lo regula y protege, **siendo laxante.** Para la **irritación intestinal se prepara con:** 60 gr. de fruto hervir 20 minutos en un litro de agua. Colar y endulzar a gusto, preferentemente con miel. Tomar de 5 a 6 cucharadas al día, ver **descripción de la planta.**

- **Azukis,** favorece el crecimiento de una **flora intestinal saludable,** regulando el tránsito intestinal **como laxante** mejorando el estreñimiento, ver **descripción de la planta.**

- **Baobab,** beneficioso para la **flora intestinal,** ver **descripción de planta.**

- **Bellota,** como alimento es beneficioso para el **intestino,** ver **descripción de la planta.**

- **Bergamota,** el fruto, la infusión y el aceite diluido se utiliza para el proceso de expulsión de **lombrices** intestinales, ver **descripción de planta.**

- **Boldo,** tomar infusiones destruyen los **áscaris o parásitos intestinales** ayudando a desparasitar el cuerpo. **Con sumo cuidado** se puede dar a niños o jóvenes obesos una tacita al día en ayunas. Caliente con un diente de ajo crudo machacado los efectos son más potentes, **precaución,** ver **descripción de la planta.**

- **Cacao,** puede actuar de forma **dual,** el **exceso estriñe,** pero también sirve de alivio al estreñimiento, ver **descripción de la planta.**

- **Calabaza,** el puré de su pulpa **es laxante, también sirve** para el estreñimiento **el jugo** de su pulpa tomado por la mañana, en ayunas. **Para los intestinos,** pelar pepitas de calabaza, triturar y mezclar con agua o leche, es un antihelmíntico (para combatir los **parásitos intestinales** como la ténia o solitaria), ver **descripción de la planta**

- **Calabacín,** por su alto contenido en fibra **se recomienda** como **laxante limitar su consumo en menores** que tengan problemas estomacales de diarreas. Actúa contra las infecciones **intestinales** y los parásitos como **las lombrices, colon irritable, enfermedad de Crohn,** ver **descripción planta.**

- **Cálamo aromático,** estimulante **digestivo** y **laxante,** contra el estreñimiento, ver **descripción de la planta,** formas de uso **VII y IX.**

- **Canchalagua,** buen **tonificante estomacal**. Elimina las **lombrices intestinales**, ver **descripción de la planta,** forma de uso **VII**.

- **Caña de Azúcar,** el jugo es particularmente útil en el tratamiento del problema del **estreñimiento**, ver **descripción de la planta,** forma de uso **IX**.

- **Caqui,** el fruto **muy maduro**, es un excelente laxante por su contenido en fibra y azúcares, ver **descripción de la planta.**

- **Carqueja,** como tónico ayuda a eliminar los **parásitos intestinales y lombrices**, ver **descripción de la planta,** forma de uso **VII (1)**.

- **Castaña,** se recomienda **como laxante** en aquellos que sufren estreñimiento, a considerar su **propiedad dual** por exceso, ver **descripción de la planta,** forma de consumo **VIII**.

- **Cebada,** se utiliza como **laxante** y como **agua de día,** es bueno por su poder alcalinizante el contenido en vitaminas y minerales, especialmente en convalecencias. Se puede añadir a sus papillas sémola de cebada, en crudo a veces la repudian los menores de 1 año, mejor hervir hasta que se ablande y mezclar, ver **descripción de la planta,** forma de uso **VII**.

- **Centeno,** su aporte de fibra y mucílagos favorece el tránsito intestinal **como laxante** al suavizar las mucosas. Al ser **dual** puede actuar como antidiarreico, ver **descripción de la planta,** forma de consumo **VIII**.

- **Cerraja,** el jugo del tallo, bebido, se utiliza como **laxante** para el estreñimiento, ver **descripción de la planta,** forma de consumo **VIII**.

- **Chirimoya,** fruta pobre en grasas y tiene fibra con el efecto de **regular la flora intestinal**, ver **descripción de la planta.**

- **Ciruelo / Pruno,** la infusión de flores, ingerida, es un buen tónico que mejora y **depura el intestino**. La compota de ciruelas **depura el intestino,** así como el fruto **(ciruela),** de **gran poder laxante** para personas con **estreñimiento habitual,** ver **descripción de planta,** forma de consumo **VIII**.

- **Coco,** su consumo por el contenido de fibra, le confiere propiedades ciertamente **laxantes,** ver **descripción de la planta.**

- **Col de Bruselas,** tomar 30 gr. de zumo al día es muy útil para eliminar **lombrices** intestinales por su poder germicida, ver **descripción de planta.**

- **Escarola,** su consumo se utiliza como **laxante,** ver **descripción de planta.**

- **Fresal,** la infusión de sus hojas y raíces se utiliza como **laxante** para el estreñimiento, ver **descripción de la planta,** forma de uso **VII.**

- **Fresno,** la infusión ingerida se utiliza contra los parásitos **intestinales y lombrices** y como **laxante** para el estreñimiento, ver **descripción de planta.**

- **Garbanzo,** legumbre de gran riqueza en fibra para **el intestino** y como laxante, ver **descripción de la planta,** forma de consumo **VIII.**

- **Granada,** el consumo se utiliza para eliminar los parásitos **intestinales y lombrices,** ver **descripción de la planta,** forma de consumo **VIII.**

- **Granadilla,** consumida **con semillas** presenta un alto contenido de fibra, muy beneficioso para la salud **como laxante,** ver **descripción planta.**

- **Graviola,** maravilloso amebicida que combate los **parásitos, lombrices intestinales,** ver **descripción de la planta.**

- **Guisante,** alimento de fibra insoluble beneficiosa para **intestinos perezosos,** siendo eficaz como **laxante,** ver **descripción de la planta.**

- **Hibisco,** la infusión ingerida mejora el funcionamiento general de los **intestinos** con beneficio para **las digestiones.** Efectiva como **laxante** en caso de **estreñimiento doloroso,** ver **descripción de la planta.**

- **Hiedra común,** la infusión ingerida es de efecto **laxante** evitando el estreñimiento, ver **descripción de la planta.**

- **Hierbabuena,** la infusión, **a partir de los 6 años,** es **relajante** en los músculos **del intestino,** evitando **espasmos y dispepsias,** ver **descripción de la planta.**

- **Hierba de san Pedro,** la infusión ingerida es útil para tratar **afecciones intestinales** y contra el estreñimiento como **laxante,** ver **descripción de la planta,** forma de uso **VII.**

- **Higo,** como **laxante** se debe hervir durante 20 minutos 50 gr. de higos secos. En ayunas, beber el líquido y comer los higos hervidos, ver **descripción de la planta.**

- **Jazmín,** beber té mejora la resistencia **intestinal,** ver **descripción planta.**

- **Kelp,** el consumo debido a su alto contenido en fibra vegetal mejora el **tránsito y las molestias intestinales,** actuando como **laxante** en problemas de estreñimiento, ver **descripción de la planta.**

- **Kiwi,** su consumo por su contenido de magnesio y fibra soluble e insoluble, le confiere fuertes propiedades, mejorando el **tránsito intestinal,** y contra el estreñimiento **como buen laxante,** ver **descripción de la planta.**

- **Kudzu,** es **dual** actúa **como laxante** en caso de estreñimiento, también antidiarreico al **regenerar la flora intestinal,** ver **descripción de la planta.**

- **Laurel,** la infusión ingerida alivia las **molestias estomacales,** reduciendo los espasmos **intestinales,** ver **descripción de la planta.**

- **Lentejas,** es conveniente su consumo contra el estreñimiento al ser **laxante,** y para evitar el **síndrome del intestino irritable,** ver **descripción de la planta.**

- **Limón,** su consumo contra los **parásitos intestinales y lombrices,** también soluciona al ser **laxante** el estreñimiento leve, ver **descripción de la planta.**

- **Lisimaquia,** la infusión **sin endulzar o en lavativas,** ayuda eficazmente, a curar la **disentería,** el **síndrome del intestino irritable** y la **enteritis hemorrágica,** ver **descripción de la planta.**

- **Llantén mayor,** la infusión ingerida o el consumo **de sus semillas** son **excelentes** en hacer desaparecer **los parásitos intestinales y lombrices.** La **licuación** se utiliza contra la **gastritis, intestinos** y **colon irritable,** ver **descripción de la planta,** formas de uso **VII y IX.**

- **Lúpulo,** las infusiones ingeridas (cualquiera forma), es recomendada para tratar **el síndrome de intestino irritable, diverticulitis, enfermedad de Crohn,** ver **descripción de la planta,** formas de uso **VII.**

- **Malva,** la infusión ingerida se utiliza para el estreñimiento **como laxante,** ver **descripción de la planta.**

- **Malvavisco,** la infusión ingerida **de las hojas y raíces** ayuda a reducir la inflamación asociada con y **el intestino, enteritis, enfermedad de Crohn, síndrome de colon irritable,** ver **descripción de la planta.**

- **Mandarina,** el consumo es excelente **como laxante** para mejorar **el tránsito intestinal,** también en zumo, ver **descripción de la planta.**

- **Mango,** como alimento ayuda a prevenir el estreñimiento **como laxante** y promover la regularidad y la **salud intestinal,** ver **descripción de planta.**

- **Maracuyá,** el consumo por su contenido en una cantidad elevada de fibra mejora el **tránsito intestinal** siendo **laxante,** ver **descripción planta.**

- **Marrubio,** la infusión ingerida se utiliza **contra las lombrices** intestinales, ver **descripción de la planta.**

- **Melón,** su consumo actúa como un **laxante suave** (consumir **con moderación** los **menores de 6 años),** ver **descripción de la planta.**

- **Melón cantalupo,** fruta de propiedades diuréticas siendo un **laxante suave,** ver **descripción de la planta.**

- **Menta,** la infusión ingerida tiene fuertes propiedades antisépticas y antiparasitarias, para **las lombrices,** ver **descripción de la planta.**

- **Miel,** contra las toxinas que se acumulan en su organismo **(utilizar a partir de 1 año),** destruye microorganismos y ayuda a mejorar la **función del intestino** y actúa como **laxante,** ver **descripción de la Miel.**

- **Nabo,** bastante digestivo para el **estómago,** ayuda a mejorar el **tránsito intestinal, considerado un laxante** suave, ver **descripción de la planta.**

- **Naranjilla,** es bueno su consumo por la **pepsina** que se encuentran exclusivamente en esta fruta, **siendo laxante,** elimina el estreñimiento, ablandar las heces, alivia el gas o flatulencias y es bastante beneficioso en el tracto gastrointestinal. Contiene una gran dosis de vitamina D, que **ayuda a fortalecer el intestino** facilitando su trabajo de absorber los nutrientes, como el calcio y las proteínas, ver **descripción de la planta.**

- **Naranjo dulce,** la infusión ingerida de sus hojas favorece la eliminación de las bacterias intestinales tóxicas, y la **recuperación de la flora intestinal "positiva".** Como **laxante** se utiliza **consumido o en zumo con pulpa** gracias a su fibra y contenido en magnesio, ver **descripción de la planta.**

- **Nogal,** sus hojas en infusión combaten los **parásito**s **y lombrices** del intestino, ver **descripción de la planta,** forma de uso **VII.**

- **Nogal americano,** la infusión de la corteza tiene la capacidad de atacar las **infecciones parasitarias y bacterianas** de los **intestinos** y de destruir los **parásitos** como las **lombrices,** ver **descripción de la planta.**

- **Ñame silvestre,** para el **tratamiento** en **trastornos intestinales** diverticulosis **(en mayores de 6 años),** ver **descripción de la planta.**

- **Olmo,** la infusión para el síndrome del **intestino irritable y enteritis,** ver **descripción de la planta,** forma de uso **VII.**

- **Orégano,** la infusión **ingerida** para **los espasmos intestinales**, ver **descripción de la planta,** forma de uso **VII.**

- **Ortiga,** se utiliza **en problemas del intestino y como laxante**, contiene mucílagos, fibra para el movimiento del intestino (peristálticos) para contraer los músculos, haciendo que el bolo alimentario pase más rápido al sistema excretor. Beber una infusión con dos cucharadas de hojas secas por litro de agua antes de las comidas o tres veces al día, ver **descripción de la planta.**

- **Palo colorado,** las raíces se utilizan **para el intestino,** es astringente, ver **descripción de la planta,** forma de uso **VII.**

- **Papaya,** utilizar a **partir de 3 años,** por su gran aporte en fibra ayuda a **mejorar el tránsito intestinal,** fruta ideal **como laxante** y para **eliminar las lombrices y oxiuros,** ver **descripción de la planta,** forma de uso **VII.**

- **Paraguaya,** su consumo por contenido de fibra **es laxante,** regula el tránsito intestinal y evita el estreñimiento, ver **descripción de la planta.**

- **Pareira brava,** es efectiva para los **parásitos, lombrices,** infecciones y como **estimulante intestinal.** Actúa como **laxante y purgante** en caso de estreñimiento, **y dual contra la** disentería, ver **descripción de la planta.**

- **Patata,** es conveniente por la cantidad significativa de fibra, ayudando en la **regularidad** estomacal, siendo **laxante,** ver **descripción de la planta.**

- **Pensamiento,** la infusión ingerida tiene pequeñas propiedades **laxantes,** siendo útiles para tratar casos de **estreñimiento,** ver **descripción de la planta.**

- **Perejil,** bueno su consumo por el contenido en fibra a la hora de regularizar **el tránsito intestinal, y como laxante** se recomienda tomar **una taza de infusión** de perejil, antes de las 3 comidas principales, ver **descripción de la planta.**

- **Pimienta blanca,** el consumo **(cocinada en polvo),** ayuda **a favorecer** el **tránsito intestinal** siendo un **laxante** suave, ver **descripción de la planta.**

- **Pimienta de Jamaica,** contiene "Eugenol", **analgésico intestinal,** aliviando los dolores y las **molestias estomacales,** ver **descripción planta.**

- **Pimiento amarillo,** por su contenido de fibra como **laxante** facilita la excreción de las heces, ver **descripción de la planta.**

- **Pimiento verde,** para el funcionamiento del intestino y enfermedades del **tracto gastrointestinal** por su contenido en magnesio y fibra, previene el estreñimiento **como laxante suave,** ver **descripción de la planta.**

- **Plátano,** muy rico en fibra, **consumido con moderación** está recomendado para los que sufren de estreñimiento al estimular el movimiento intestinal **sin necesidad de utilizar laxantes,** ver **descripción de la planta.**

- **Polen,** desempeña un papel regulador en las **funciones intestinales,** previniendo y tratando casos de estreñimiento **como laxante,** ver **descripción del Polen,** formas de consumo **VIII (2 y 3).**

- **Pomelo,** es bueno su consumo para agilizar el **tracto intestinal,** ver **descripción de la planta.**

- **Puerro,** su consumo, por la fibra, actúa como **laxante** para el estreñimiento, ver **descripción de la planta.**

- **Quassia,** como vermífugo en forma de enema (lavativa), **consigue eliminar los oxiuros, lombrices y parásitos** que se suelen localizar en el recto y ano, donde no suele llegar el efecto de los medicamentos tomados por vía oral, ver **descripción de la planta,** forma de uso **IX.**

- **Remolacha,** buena para el trabajo del **intestino.** Como **laxante** comer cocida con piel **y beber el líquido de la decocción,** ver **descripción planta.**

- **Retama de los tintoreros,** la infusión ingerida de 15 gr. de flores, sirve como **laxante** moderado, ver **descripción de la planta.**

- **Romanza,** consumir es depurativo para eliminar las **toxinas intestinales,** y por sus propiedades actúa de **efecto laxante,** ver **descripción de planta.**

- **Salicaria,** la infusión ingerida contra el síndrome del **intestino irritable,** enteritis, ver **descripción de la planta.**

- **Sandía,** se puede utilizar las semillas, son comestibles y de **fuerte acción laxante,** ver **descripción de la planta.**

- **Sanguinaria del Canadá,** la infusión ingerida controla los **parásitos intestinales** y las **lombrices.** Actúa como **laxante** contra el estreñimiento, ver **descripción de la planta,** forma de uso **VII.**

- **Serpol,** la infusión ingerida contra las **lombrices** y otros los **parásitos intestinales,** ver **descripción de la planta.**

- **Sésamo,** muy **rico en magnesio,** normaliza el funcionamiento del **intestino,** eliminando las toxinas y ejerce un efecto **laxante,** ver **descripción de la planta.**

- **Tamarindo,** por su altísimo contenido de fibras es muy adecuado y efectiva para **combatir estreñimiento.** Ideal para el **intestino perezoso** o problemas del colón, ver **descripción de la planta,** forma de uso **VII.**

- **Tamarisco,** la decocción ingerida se utiliza para combatir **las lombrices** intestinales, ver **descripción de la planta.**

- **Tanaceto,** aplicar **cataplasmas** de las hojas sobre el vientre para **combatir las lombrices.** En los **más pequeños o bebés** realizar fricciones con su aceite sobre el vientre, ver **descripción de la planta.**

- **Te rooibos,** de efecto **dual** conviene **vigilar en los más pequeños,** adecuado **en diarreas o estreñimiento,** ver **descripción de la planta.**

- **Tifa,** la infusión ingerida se utiliza para la **inflamación** y **ulceración del intestino grueso**, ver **descripción de la planta.**

- **Tomate,** de efecto **dual** para el **estreñimiento y la diarrea (conviene vigilar su consumo en los más pequeños)**, ver **descripción de la planta.**

- **Tomillo,** tomado en tisana y en forma de lavativa ayuda a expulsar los oxiuros **(lombrices diminutas)** que sufren los niños. Preparar una infusión en ½ litro de agua con 2 cucharadas soperas de tomillo. Hervir 10 minutos. Colar y beber tibio en ayunas sin endulzar durante una semana, **evitando el pan y los azucares refinados.** La infusión normal ingerida es antiséptica para ayudar al **tracto intestinal como laxante leve,** ver **descripción planta.**

- **Trigo,** consumir por su fibra, actúa **como laxante** de alivio al estreñimiento, ver **descripción de la planta.**

- **Tronadora,** la infusión ingerida es un vermífugo que ayuda a **expulsar lombrices** intestinales, ver **descripción de la planta.**

- **Vainilla,** la infusión ingerida es un **laxante suave,** ver **descripción planta.**

- **Verdolaga,** contra **los parásitos intestinales y lombrices,** tomar al día 100 gr. de planta fresca licuada por las mañanas, durante 4 o 5 días. También sirve la decocción de sus semillas, ver **descripción de la planta.**

- **Vid,** la infusión de las hojas secas ingeridas para las **hemorragias intestinales** se necesita hervir durante ¼ de hora tres cucharadas de hojas secas desmenuzadas por litro de agua. Tomar 2 ó 3 vasos cada día, ayuda a detener el sangrado, ver **descripción de la planta.**

- **Yerba santa,** la infusión ingerida combate el **estreñimiento**, ver **descripción de la planta.**

- **Zarza,** la infusión ingerida de sus hojas y el jugo de los frutos actúa en caso de **inflamaciones intestinales** producidas por bacterias, ...**Continúa**

... **parásitos** o ingestión de algún producto irritante, **con dolor de vientre, incluso con presencia de sangre**, ver **descripción de la planta.**

Memoria y Acción cognitiva

Nunca sustituir la medicación por los remedios naturales. Estos remedios son de apoyo, **siempre hay que consultar con el Pediatra.**

Para evitar problemas de caries, al utilizar infusiones ingeridas se aconseja, si fuese necesario endulzar, el utilizar cualquier edulcorante que se indica en el apartado **de Edulcorantes.**

- **Aceite de oliva,** tiene la capacidad de fomentar el **desarrollo del cerebro,** al igual que **la aceituna.** Hay una menor incidencia de demencia en regiones donde las personas lo consumen de forma regular, ver **descripción del Aceite de oliva.**

- **Algarroba,** facilita las funciones cognitivas, **el aprendizaje y mejora de memoria,** por su alto contenido en potasio, magnesio, fósforo, zinc. **Excelente** durante las etapas de crecimiento, ver **descripción de la planta.**

- **Azukis,** el aporte de vitaminas del grupo B y el fósforo **hace fortalecer la memoria y la concentración,** ver **descripción de la planta.**

- **Bellota,** alimento para mejorar **la memoria,** ver **descripción de planta.**

- **Cereza,** es conocida como **"alimento del cerebro",** ayuda en su salud y en la **prevención de la pérdida de memoria,** ver **descripción de la planta.**

- **Chirimoya,** contiene fósforo que contribuye a **reforzar la memoria de los estudiantes,** ver **descripción de la planta.**

- **Escarola,** su consumo es beneficioso para la **función mental** por su concentración en folatos, ver **descripción de la planta.**

- Girasol, ideal para estudiar o rendir en un examen, por su potasio y magnesio. El comer un puñado de pipas, **mejora la concentración, la memoria y el rendimiento mental** en general, ver **descripción de la planta.**

- Guisante, muy beneficioso para **la memoria** al proporcionar gran cantidad de magnesio, elemento que combate la fatiga mental y sirve de ayuda en épocas de mayor estrés nervioso por estudios, ver **descripción de la planta.**

- Hidrocotyle, es eficaz para mejorar el crecimiento dendrítico neuronal y contra el síndrome de Gilles de la Tourette. **Muy útil en falta de atención infantil,** ver **descripción de la planta.**

- Lichi, su consumo desempeña un rol en la salud del cerebro necesaria para ciertos neurotransmisores, **y la memoria,** ver **descripción de planta.**

- Mango, su consumo regular es bueno por la abundancia de vitamina B6, esencial para el buen **funcionamiento del cerebro,** y la glutamina mejora **especialmente la memoria y la concentración,** ver **descripción de planta.**

- Miel, consumida a diario **(a partir de 1 año),** con agua y el estómago vacío aporta mucha vitalidad al organismo y **aumenta** la actividad cerebral **para la memoria,** ver **descripción de la Miel.**

- Mora negra, es muy útil su consumo como potenciador cognitivo y neuro protector **para la memoria,** ver **descripción de la planta.**

- Nuez, el consumo de nueces es útil para mantener **buena memoria** y la inteligencia, ver **descripción de la planta.**

- Onagra, el aceite se utiliza para la **memoria** tratando el síndrome que causa **falta de concentración,** ver **descripción de la planta.**

- **Orégano,** la infusión **ingerida** favorece **la circulación sanguínea** mejorando **el riego del cerebro** y de ayuda para **la memoria**, ver **descripción de la planta,** forma de uso **VII.**

- **Patata,** contiene colina, nutriente muy importante y versátil, ayudando **al aprendizaje y la memoria**, ver **descripción de la planta.**

- **Plátano,** para **la memoria** tiene un efecto muy positivo a nivel cerebral, una investigación demostró que los estudiantes que comen plátano por la mañana tienen una **mejor concentración** durante todo el día, ver **descripción de la planta.**

- **Polen,** mejora **lo mental** en el marco de las actividades normales o intensas, genera **eficiencia intelectual (preparación de exámenes)**, ver **descripción del Polen,** formas de consumir **VIII (2 y 3).**

- **Tomate de árbol,** el **jugo** de esta fruta, dos veces al día es bueno para la **memoria y el cerebro en general**, ver **descripción de la planta.**

- **Tomillo,** la infusión es un tónico muy vigoroso tanto para el nivel físico, mental y emocional **mejorando la memoria**, ver **descripción de la planta.**

- **Zanahoria,** al ser rica en potasio y fósforo, es un excelente vigorizante para **mentes cansadas**, ver **descripción de la planta.**

Mucosidades - Flemas

Nunca sustituir la medicación por los remedios naturales. Estos remedios son de apoyo, **siempre hay que consultar con el Pediatra.**

Para evitar problemas de caries, al utilizar infusiones ingeridas se aconseja, si fuese necesario endulzar, el utilizar cualquier edulcorante que se indica en el apartado **de Edulcorantes.**

Continúa en página siguiente

- **Acerola,** consumir el fruto ayuda a reducir la **mucosidad**, ver **descripción de la planta.**

- **Árbol de Té,** para las **flemas, mucosidades,** la inhalación de Eucaliptus, flores de Sauco y 2 o 3 gotas de esencia del Árbol de Té, es muy efectiva, ver **descripciones de las plantas.**

- **Asafétida,** utilizar el polvo como condimento o diluido en agua o zumo, es expectorante para las **flemas**, ver **descripción de la planta.**

- **Cártamo,** la infusión ingerida en la medicina hindú, sus flores se utilizan para los dolores pectorales por la congestión, aliviando y suavizando **flemas y mucosidades**, ver **descripción de la planta.**

- **Cedrón o Hierbaluisa,** la infusión ingerida o en inhalaciones es útil para el aparato respiratorio en expulsar las **mucosidades**, ver **descripción de la planta.**

- **Centeno,** utilizado como agua de día es útil debido a sus mucílagos, por calmar y suavizar las **mucosas y flemas** del aparato respiratorio, ver **descripción de la planta,** forma de uso **VII.**

- **Cilantro,** potente expectorante eliminando **flemas y mucosidades** consumido con regularidad, ver **descripción de la planta.**

- **Eucaliptus,** los vahos al ser un potente mucolítico con propiedades expectorantes fluidifican las secreciones pulmonares de **flemas y mucosidades.** Otra opción ver en Árbol de té, ver **descripción de la planta.**

- **Hierbabuena,** la infusión, **a partir de los 6 años,** es beneficiosa en la eliminación de **las mucosidades**, ver **descripción de la planta.**

- **Jengibre,** contra **las flemas** cortar el jengibre en rodajas muy finas y meter en un tarro de Miel. Tomar una cucharada **...Continúa**

... de esa miel **(en mayores de 1 año),** por la mañana y por la noche, ver **descripción de la planta y de la Miel.**

- **Laurel,** la infusión favorece la expulsión de las **mucosidades y flemas** en las vías respiratorias en el caso de **bronquitis,** ver **descripción de la planta.**

- **Madreselva,** la infusión ingerida es un excelente complemento al mezclar con jengibre (mucolítico y antiinflamatorio) para las **mucosidade**s, al estar complementadas, ver **descripción de la planta.**

- **Malva,** la infusión ingerida al ser rica en Mucílagos es ideal para **suavizar las mucosidades,** ver **descripción de la planta.**

- **Marrubio,** la infusión ingerida sirve de ayuda a expulsar la **mucosidad y flemas,** ver **descripción de la planta.**

- **Menta,** la infusión ingerida elimina secreciones como **las flemas** y **mucosidades** de las vías respiratorias, ver **descripción de la planta.**

- **Menta de lobo,** la infusión ingerida ayuda a expulsar **flemas y mucosidades,** en lugares donde las bacterias y otros patógenos se pueden desarrollar, ver **descripción de la planta.**

- **Mirto,** la infusión ingerida **(en mayores de 6 años),** y en inhalaciones para limpiar secreciones bronquiales como las **flemas y mucosidades,** también en **inhalaciones,** ver **descripción de la planta,** forma de uso **VII.**

- **Olmo,** la infusión ingerida ayuda **a expulsar** las secreciones y **mucosidades** de nariz, ver **descripción de la planta,** forma de uso **VII.**

- **Pensamiento,** la infusión ingerida para eliminar **las flemas,** y suavizar **las mucosas** por sus principios expectorantes, ver **descripción de la planta.**

- **Polygala calcárea,** se usa en infusión contra las **mucosidades,** ver **descripción de la planta.**

- **Pulmonaria,** la infusión ingerida se utiliza para facilitar la expectoración de las **flemas y mucosidades bronquiales,** por la saponina que contiene, ver **descripción de la planta,** forma de uso **VII.**

- **Pulmonaria arbórea,** la infusión tiene efecto balsámico y es un buen **mucolítico**, ver **descripción de la planta,** forma de uso **VII.**

- **Rábano,** en **mayores de 3 años, elimina** el **exceso de mucosidad** en el organismo, ver **descripción de la planta.**

- **Salvia,** la inhalación de una decocción de las hojas de salvia se puede utilizar para la tos **con flemas**, ver **descripción de la planta.**

- **Sanícula,** la infusión ingerida para casos de **exceso de mucosidad o mucosidad espesa**, ver **descripción de la planta.**

- **Saúco,** la infusión utilizada **en inhalaciones** es eficaz para la tos **con flemas**, ver **descripción de la planta.**

- **Té de roca,** la infusión combate **la mucosidad**, ver **descripción planta.**

- **Tomate de árbol,** bueno para controlar **las mucosidades,** tomando al menos dos veces al día el jugo de esta fruta, ver **descripción de la planta.**

- **Tomillo,** la infusión ayuda a **eliminar las mucosidades**, ver **descripción de la planta.**

- **Vasaka,** la infusión ingerida de la planta entera se utiliza **en mayores de 3 años,** como expectorante para las **flemas,** ver **descripción de la planta.**

Piel / Cardenales - Pañalitis - Sudor / Olor

Nunca sustituir la medicación por los remedios naturales. Estos remedios son de apoyo, **siempre hay que consultar con el Pediatra.**

- **Acanto,** el uso externo de su jugo, en cataplasmas, es antiinflamatorio eficaz **para los hematomas,** ver **descripción de la planta.**

- **Aloe vera,** su gel interior **limpia la piel** en profundidad. En los **bebés** alivia **la irritación** causada por **pañales,** ver **descripción de la planta.**

- **Aquilea o Milenrama,** en uso tópico o ingerida la infusión mejora el **aspecto de los cardenales,** ver **descripción de la planta,** forma de uso **VII.**

- **Gordolobo,** las hojas ligeramente hervidas colocadas **sobre la piel** o en ungüentos, **favorece la mejora de los moretones** teniéndolo un rato sobre ellos, ver **descripción de la planta.**

- **Hamamelis,** su agua es excelente en uso tópico para los cardenales, mantener 3 minutos, 3 veces diarias, ver **descripción de la planta,** forma de uso **VII (2).**

- **Jengibre,** muy beneficioso para **tratar la piel inflamada y los moretones.** No se necesita pelar, lavar muy bien aplastar y aplicar sobre el hematoma inflamado y sujetar con una venda y mantenerlo el mayor tiempo posible. **Para un mejor y rápido resultado,** poner el jengibre sobre la piel durante la noche combinado con una compresa fría, **eliminará los moretones y hematomas** del cuerpo, ver **descripción de la planta.**

- **Lechuga,** para reducir **el sudor y el olor de las axilas y pies,** aplicar su jugo, ver **descripción de la planta.**

- **Maicena,** sirve para tratar **los sarpullidos** que se producen **en los bebés por el uso de pañales**, basta con frotar un poco del producto sobre las zonas íntimas antes de cambiarle. **También** contra la **sudoración excesiva** que puede ser muy desagradable por **el mal olor** que genera. Se recomienda **frotar las axilas** con un algodón sumergido en alcohol y después con un poco de maicena, ver **descripción de la planta Maíz y de la Maicena.**

- **Malvavisco,** se utiliza los **extractos de raíz** para reducir los **sabañones** en la hinchazón de las manos y pies **debido al frío excesivo**, ver **descripción de la planta.**

- **Margarita,** para los **moretones,** ver **descripción de la planta.**

- **Mejorana,** se utiliza en uso tópico mezclada con miel para mejorar los **cardenales,** ver **descripción de la planta.**

- **Meliloto,** se utiliza en uso tópico para los **hematomas** superficiales, ver **descripción de la planta.**

- **Menta,** la infusión **en uso tópico** sobre la piel, genera una sensación de frescor contra **el sudor,** y de relajación local **como sedante**, ver **descripción de la planta.**

- **Pachuli,** basta **dos o tres gotas** en una bola de algodón, frotar en las axilas para evitar **el olor corporal,** ver **descripción de la planta.**

- **Pensamiento,** la infusión en uso tópico para tratar erupciones como **urticarias.** Posee propiedades antimicrobianas ideales, para el tratamiento de **problemas en la piel, como pañalitis,** ver **descripción de la planta.**

- **Perejil,** aplicar a intervalos regulares **en el área del hematoma** para **reducir la inflamación** hasta que la piel vuelva a su temperatura y color normal, ver **descripción de la planta.**

- **Reseda,** las hojas diluidas en agua se utilizan contra la **fetidez de los pies**, ver **descripción de la planta.**

- **Roble albar,** para los **sabañones** hervir 30 gr. de su corteza y 40 gr. de Cola de caballo en 1 litro de agua 10 minutos. Reposar y efectuar baños templados en las zonas afectadas, ver **descripción de las plantas.**

- **Salvia,** la infusión aplicada **en uso tópico** controla el **exceso de sudoración** y el **mal olor corporal**, ver **descripción de la planta.**

- **Sanícula,** la infusión **ingerida y en uso tópico** actúa en los exantemas (erupción cutánea del **sarampión, rubeola, varicela, escarlatina, dengue o tifus**), ver **descripción de la planta.**

- **Sello de Salomón,** se aplica en forma de cataplasma, contra la **equimosis o cardenales,** ver **descripción de la planta.**

- **Té rooibos,** la infusión en uso tópico es especialmente útil en las **urticarias y pañalitis,** mediante lavados y apósitos, ver **descripción planta.**

- **Tifa,** la infusión en uso tópico alivia y mejora las **erisipelas e inflamaciones** locales de la piel, ver **descripción de la planta.**

- **Tronadora,** la infusión en uso tópico se utiliza para curar la **viruela, llagas o los síntomas de urticaria,** ver **descripción de la planta.**

- **Verónica,** mediante cataplasmas, lavados, apósitos **para suavizar la piel reseca** por el frío, ver **descripción de la planta.**

Piojos - Liendres - Picaduras

Nunca sustituir la medicación por los remedios naturales. Estos remedios son de apoyo, **siempre hay que consultar con el Pediatra.**

- **Aloe vera,** alivia el escozor y picor provocado por las **picaduras de insectos, medusas o incluso ortigas,** ver **descripción de la planta.**

- **Árbol de Té,** contra **los piojos o liendres,** realizar una pequeña mezcla de aceites con una cucharada sopera de aceite vegetal de Coco y añadir dos gotas de aceite esencial de Eucalipto y dos gotas de aceite esencial de Árbol del té. **Aplicar en los bordes del cuero** cabelludo, siguiendo la línea del cabello (orejas, sienes, frente, y nuca). Pero si no tiene todos los aceites, con el Árbol del té será suficiente, ver **descripciones de las plantas.**

- **Coco,** ver en **Árbol de té**, ver **descripción de la planta.**

- **Eucaliptus,** ver en **Árbol de té**, ver **descripción de la planta.**

- **Graviola,** la licuación **de las hojas** en uso tópico elimina **piojos y liendres,** aplicada en el cuero cabelludo, ver **descripción de la planta.**

- **Llantén mayor,** calentar las hojas y en cataplasmas sirven para las **picaduras de insectos,** ver **descripción de la planta.**

- **Maizena,** para las irritaciones o enrojecimiento por **picaduras de insectos** y otros problemas cutáneos. Preparar una mezcla espesa de maicena y agua, aplicar en las zonas afectadas, ver **descripción de la planta Maíz y de la Maizena.**

- **Manzana,** mediante la cataplasma de una papilla de manzana contra **las picaduras de los insectos,** ver **descripción de la planta.**

- **Nogal,** la infusión de sus hojas en lavados o apósitos para las **picaduras de insectos,** ver **descripción de la planta,** forma de uso **VII.**

- **Orégano,** el **aceite** es excelente contra las **picaduras de los insectos,** aplicado directamente sobre ellas, ver **descripción de la planta.**

- **Pachuli,** una pequeña cantidad en uso tópico, diluido en otro aceite, sirve para calmar las **picaduras de los insectos,** ver **descripción de planta.**

- **Pareira brava,** para **mordeduras de perros y la rabia,** se emplea en tintura o la hoja machacada con alcohol aplicada directamente sobre la herida, ver **descripción de la planta.**

- **Pensamiento,** la infusión mediante lavados o apósitos tiene propiedades antimicrobianas contra **picaduras de insectos**, ver **descripción de la planta.**

- **Quassia,** en uso tópico su vinagre se utiliza eficazmente para tratar y prevenir la **pediculosis (piojos y liendres)**, y puede utilizarse todos los días al no contener químicos, ver **descripción de la planta.**

- **Tanaceto,** contra las inflamaciones por **picaduras de insectos**, mezclar 30 gotas de tintura diluidas en 125 ml de agua, para aplicar en la zona afectada, ver **descripción de la planta.**

- **Trébol,** en uso tópico, de emplastos o compresas, es útil para las **picaduras de insectos,** ver **descripción de la planta.**

- **Verdolaga,** la infusión mediante cataplasma o apósito actúa como calmante **para picaduras,** ver **descripción de la planta.**

Problemas de conducta - Nervios - Mal sueño

Nunca sustituir la medicación por los remedios naturales. Estos remedios son de apoyo, **siempre hay que consultar con el Pediatra.**

Para evitar problemas de caries, al utilizar infusiones ingeridas se aconseja, si fuese necesario endulzar, el utilizar cualquier edulcorante que se indica en el apartado **de Edulcorantes.**

- **Acerola,** fruta que regula los **ciclos de sueño o insomnio**, ver **descripción de la planta.**

- **Angélica,** la infusión de sus hojas para los **trastornos en dormir** y en las **alteraciones nerviosas,** ver **descripción de la planta.**

- **Árbol de Tilo,** antes de dormir tiene efectos **antiespasmódicos, actúa contra el insomnio,** ver **descripción de la planta,** forma de uso **VII.**

- **Azafrán,** complemento alimenticio que, debido a sus sustancias **sedantes** y aromáticas, ayudan a combatir la ansiedad y el nerviosismo, ver **descripción de la planta.**

- **Calabaza,** el consumo es **beneficioso** contra **el insomnio,** ver **descripción de la planta.**

- **Calalagua,** como agua bebida regular combate **insomnio,** algunos **trastornos nerviosos,** ver **descripción de la planta,** forma de uso **VII.**

- **Cereza,** el fruto (se puede consumir sin límite) contiene melatonina, que ayuda a **regular los ciclos de sueño,** ver **descripción de la planta.**

- **Chachacoma,** una tisana todas las noches, **para el insomnio** induce a un reparador y tranquilo sueño, ver **descripción planta,** forma de uso **VII.**

- **Chirimoya,** como sedante tranquilizante, es muy adecuado para el tratamiento de **los compulsivos,** ver **descripción de la planta.**

- **Espirulina,** de alto contenido en melatonina en infusión o su consumo está indicada **para el insomnio,** ver **descripción de la planta.**

- **Garbanzo,** por su elevado contenido en Magnesio, Fosforo, y vitaminas del grupo B, es adecuado en situaciones de **falta de sueño o insomnio** y de nerviosismo como **sedante,** ver **descripción de la planta.**

- **Gatera,** el utilizar la infusión se utiliza por ejercer un efecto relajante que **regula el sueño,** ver **descripción de la planta.**

- **Graviola,** las hojas mascadas tienen un alto poder sedativo, sirve como **sedante,** calma los nervios y actúa contra el **insomnio** para dormir mejor, ver **descripción de la planta.**

- **Hidrocotyle,** la infusión ingerida **para mayores de 6 años** es muy útil en **falta de atención infantil.** También en desordenes de conducta infantil y trastornos como: **híper-excitabilidad, hiperactivos, impulsividad, agresividad, poca tolerancia, etc.** Suele tratar y es eficaz para mejorar el crecimiento dendrítico neuronal y contra el síndrome de Gilles de la Tourette, ver **descripción de la planta.**

- **Hierbabuena,** la infusión ingerida, **a partir de los 6 años,** se utiliza por sus **propiedades** sedantes son ideales en **problemas de insomnio,** ver **descripción de la planta.**

- **Hierba de san Pedro,** la infusión ingerida es muy útil **contra el insomnio,** ver **descripción de la planta,** forma de uso **VII.**

- **Hinojo,** los gargarismos de Hinojo, Menta, Salvia y Valeriana, contra el **bloqueo de la garganta** causante de la **apnea del sueño, insomnio** y ronquera, ver **descripción de las plantas,** forma de uso **VII.**

- **Hipérico,** la infusión actúa contra **el insomnio.** Se puede utilizar el **polvo encapsulado,** ver **descripción de la planta,** forma de uso **VII (1).**

- **Lechuga,** ayuda **a calmar** el sistema nervioso, y **el insomnio,** beber un vaso de jugo nos ayuda a **dormir mejor,** ver **descripción de la planta.**

- **Lechuga virosa,** muy empleado el jarabe para calmar **los nervios** y provocar el **sueño,** ver **descripción de la planta.**

- **Lentejas,** es conveniente su consumo, la deficiencia de hierro puede conducir a desarrollar **problemas neurológicos** tales como **déficit de atención,** ver **descripción de la planta.**

- **Lúpulo,** la infusión ingerida (cualquier forma), es beneficiosa para **conciliar el sueño.** Destaca por su acción **relajante y sedante**, ver **descripción de la planta,** forma de uso **VII.**

- **Marrubio,** la infusión ingerida se utiliza **como sedante** para los trastornos nerviosos, ver **descripción de la planta.**

- **Martagón,** la infusión de flores y bulbos, son eficaces como **sedante** en enfermedades y **trastornos del sistema nervioso**, ver **descripción planta.**

- **Melisa,** la infusión ingerida al ser ligeramente **sedante** combate las **alteraciones del sueño,** combate **estados nerviosos, hiperactividad, irritabilidad,** ver **descripción de la planta.**

- **Naranjilla,** eficaz en **promover el sueño**, ver **descripción de la planta.**

- **Ñame silvestre,** sirve **en mayores de 6 años,** para tratar **el insomnio,** ver **descripción de la planta.**

- **Olmo,** la infusión ingerida es utilizada **como sedante** al ser buen calmante, ver **descripción de la planta,** forma de uso **VII.**

- **Onagra,** el aceite se utiliza para tratar problemas de **hiperactividad en los niños**, ver **descripción de la planta.**

- **Pareira brava,** utilizando la infusión como labor **sedante** es muy útil en caso de **trastornos mentales, epilepsia, delirio, convulsiones,** ver **descripción de la planta.**

- **Patata,** su consumo es conveniente **contra el insomnio** al **conciliar el sueño,** ver **descripción de la planta.**

- **Pimiento rojo,** su consumo al contener **vitamina B6 y magnesio,** reduce **el insomnio,** ver **descripción de la planta.**

- **Plátano,** por su contenido de vitamina B, son muy **buenos para calmar** el sistema nervioso, no dudar comer plátanos como merienda, ver **descripción de la planta.**

- **Té de roca,** la infusión ingerida es un excelente **tonificador nervioso,** al no contener teína otorga un efecto **sedante y relajante**, ver **descripción de la planta.**

- **Té rooibos,** la infusión ingerida por sus cualidades relajantes es beneficioso **contra el nerviosismo relajando nuestro organismo y nuestra mente**. Al ser algo sedante **ayuda a dormir mejor por las noches** por no **contener teína**, ver **descripción de la planta.**

- **Tila,** la infusión ingerida favorece el descanso nocturno, **ayuda a conciliar el sueño,** reduce los estados de nerviosismo que impiden dormir. Una infusión antes de acostarse es uno de los remedios naturales más eficaces **contra el insomnio.** Al ser un **sedante leve** se puede utilizar como **calmante** del sistema nervioso, ver **descripción de la planta.**

- **Tila alpina,** la infusión ingerida es relajante del sistema nervioso **induce el sueño,** su acción es leve, tomar 1 hora antes **solo** para casos aislados de **falta de sueño,** ver **descripción de la planta.**

- **Trigo,** el consumir de forma adecuada de ácido fólico beneficia y evita los defectos **del tubo neural en niños durmiendo,** ver **descripción planta.**

- **Tronadora,** la infusión actúa de calmante y **sedante intenso,** para relajar las **alteraciones nerviosas,** ver **descripción de la planta.**

- **Vid,** la infusión de una cucharada de postre de hojas secas por taza de agua hervidas durante 10 minutos. Reposar 10 minutos más y tomar cada ¼ de hora 1 cucharada de este preparado para **el insomnio.** La infusión de las hojas secas ingeridas se usa como **sedante** en los estados nerviosos e **hiper excitación, neurastenia, neurosis,** ver **descripción de la planta.**

- **Finalmente,** se describen las plantas que solo es preciso la **infusión simple para ingerir,** en este caso para favorecer el descanso nocturno **ayudando a conciliar el sueño** reduciendo los estados de nerviosismo que impiden dormir con las plantas siguientes: **Cedrón o Hierbaluisa, Madreselva, Menta de lobo, Mirra, Tanaceto, Vainilla, Valeriana.**

Si la **infusión** la vamos a utilizar **frecuentemente** se recomienda **hervir la planta en un litro de agua, o en la cantidad de agua que creamos** según la utilización diaria a tomar, así evitaremos tiempo en su preparación y en lugar de las bolsitas preparadas que venden se puede comprar a granel para economizar. También **se puede potenciar** con plantas diferentes para la misma dolencia, pero es conveniente **recordar siempre** la perfecta utilización de cada planta utilizada **según su descripción,** por si existiese alguna **interacción con fármacos o posibles contraindicaciones.**

Problemas oculares y de oídos

Nunca sustituir la medicación por los remedios naturales. Estos remedios son de apoyo, **siempre hay que consultar con el Pediatra.**

Para evitar problemas de caries, al utilizar infusiones ingeridas se aconseja, si fuese necesario endulzar, el utilizar cualquier edulcorante que se indica en el apartado **de Edulcorantes.**

- **Acacia,** sus propiedades astringentes para lavar ojos, son muy efectivas para los casos de **infecciones o inflamaciones** de las conjuntivas oculares, es uno de los remedios naturales más utilizados para tratar naturalmente los casos de **conjuntivitis,** tan común en los niños pequeños, ver **descripción de la planta.**

- **Acelga,** su consumo es beneficioso para las infecciones oculares como la **conjuntivitis**, ver **descripción de la planta.**

- **Aciano,** al ser casi antibiótico en caso de **conjuntivitis, bañar los ojos** con unas gotas para relajarlos, ver **descripción de planta,** forma de uso **VII.**

- **Agua,** compresas de agua fría, siempre que se pueda, y por las noches, para los **parpados hinchados.**

- **Ajuga iva,** la infusión en uso tópico para aplicar **en forma de lavados o apósitos,** en **conjuntivitis, blefaritis** (párpados), ver **descripción de planta.**

- **Col de Bruselas,** su alta cantidad de vitamina C, como **antioxidante** es beneficioso para el **oído** y la **vista,** ver **descripción de la planta.**

- **Cola de caballo,** la infusión mediante **lavados o apósitos** se utiliza **contra la conjuntivitis,** ver **descripción de la planta,** forma de uso **VII.**

- **Equinácea,** eficaz para los molestos **orzuelos,** utilizando la infusión en uso tópico, ver **descripción de la planta.**

- **Gayuba,** se utiliza la infusión **de hojas de gayuba** mediante lavados o apósitos, sin edulcorar, para combatir las **inflamaciones oculares,** ver **descripción de la planta.**

- **Helicriso o Sol de oro,** se utiliza para la **conjuntivitis,** la infusión en uso tópico, ver **descripción de la planta.**

- **Kale,** el consumo por la presencia de vitamina A contenida, es **bueno para la visión,** ver **descripción de la planta.**

- **Kiwi,** se debería consumir por sus propiedades **beneficiosas para la visión,** ver **descripción de la planta.**

- **Lechuga,** mejora los problemas de **conjuntivitis** preparando un jugo y aplicar en lavados o apósitos, ver **descripción de la planta.**

- **Lechuga virosa,** en los problemas oculares se utilizan infusiones y decocciones de las hojas para **lavados ... Continúa en página siguiente**

... **descongestionantes,** y en compresas, contra las **inflamaciones e irritaciones de los ojos,** ver **descripción de planta**

- **Llantén mayor,** la infusión **destilada** de esta planta es muy utilizada como loción ocular, para tratar **irritaciones, sinusitis,** e **infecciones de los ojos,** ver **descripción de la planta,** forma de uso **VII.**

- **Lombarda,** antioxidante muy bueno su consumo por su beneficio **para la vista,** ver **descripción de la planta.**

- **Malva,** la infusión utilizada como **colirio** se usa para los casos de **sequedad o irritación de los ojos,** ver **descripción de la planta.**

- **Manzana,** en uso tópico mediante la cataplasma de una papilla de manzana para las **molestias oculares** usándola hervida y fría, a ser posible, aplicar por las noches, ver **descripción de la planta.**

- **Manzanilla,** la infusión ingerida o en uso tópico en lavados para **orzuelos,** y como colirio, también interna como externamente, para reducir hinchazones como las **ojeras. En apósitos, compresas frías** o como colirio **para la sinusitis,** ver **descripción de la planta.**

- **Mastuerzo,** la infusión o decocción en enjuagues y apósitos es bastante eficaz para **los orzuelos,** ver **descripción de la planta,** forma de uso **VII.**

- **Melón cantalupo,** beneficioso su consumo al contener carotenoides como, luteína y zeaxantina, necesarias para el **buen funcionamiento de la vista,** ver **descripción de la planta.**

- **Membrillo,** en problemas **oculares** es muy útil aplicar la pulpa en la zona afectada con dolor. También con las semillas, preparando un cocimiento y usar como loción o cataplasma con 2 cucharadas de semillas en 1 litro de agua, ver **descripción de la planta.**

- **Mirto,** ingerido o el aceite en uso tópico (**mayores de 6 años**), contra **la otitis,** ver **descripción de la planta,** formas de uso **VI y VII.**

- **Nectarina,** nutriente esencial debido a que **desarrolla una buena visión,** ver **descripción de la planta.**

- **Niaoulí,** se suele utilizar en uso tópico para **infecciones como otitis,** ver **descripción de la planta.**

- **Nogal,** la infusión de sus hojas en lavados o apósitos, para **las inflamaciones oculares,** ver **descripción de la planta.** forma de uso **VII.**

- **Nogal americano o negro,** la infusión de corteza en uso tópico para lavar de **los ojos** en sus afecciones, ver **descripción de la planta.**

- **Olivo,** la infusión de las hojas, ingerida, actúa contra los **zumbidos de oídos,** ver **descripción de la planta.**

- **Orégano,** la infusión **en uso tópico** se utiliza **contra la otitis.** La infusión **ingerida** es beneficiosa **para la vista,** ver **descripción de la planta,** forma de uso **IV.**

- **Oreja de Judas,** su consumo es beneficioso contra las **inflamaciones oculares,** ver **descripción de la planta.**

- **Oreja de oso,** la infusión **de sus flores en uso tópico** se usa para afecciones **del oído como la utrícula.** Utilizada en los **ojos** ayuda en la **blefaritis,** y alivia la molesta **conjuntivitis,** ver **descripción de la planta.**

- **Ortiga muerta,** para **los oídos, en uso tópico** usar el vapor caliente de la decocción, ver **descripción de la planta.**

- **Papaya,** el consumo a **partir de 3 años,** para **prevenir** la deficiencia de **vitamina** A, causa de la **ceguera infantil,** en países tropicales y subtropicales en desarrollo, ver **descripción de la planta.**

- **Paraguaya,** su consumo al ser rica en carotenos y vitaminas C, A, B1, B2, B6 y los minerales como potasio, fósforo, magnesio, azufre, hierro y calcio, todos ellos **protegen la vista,** ver **descripción de la planta.**

- **Pensamiento,** en lavados o apósitos, se usa para **la conjuntivitis, afecciones corneales, blefaritis,** ver **descripción de la planta.**

 - **Pimiento verde,** su consumo es beneficioso para la **salud del oído.** Ayuda a tener una **mejor visión,** ver **descripción de la planta.**

- **Roble albar,** para **la conjuntivitis,** hervir 1 cucharada de corteza lavada en 1 taza de agua 5 minutos. Reposar y enfriar, realizar lavados varias veces al día. **La infusión** mediante compresas o apósitos se utiliza para los **ojos hinchados,** ver **descripción de la planta,** forma de uso **VII.**

- **Salicaria,** la infusión ingerida es beneficiosa **para la vista** contiene entre sus principios activos sustancias antitumorales y antocianina, capaces de **mejorar algunos problemas de visión.** Mediante lavados puede ser beneficioso en **caso de conjuntivitis,** filtrar perfectamente el líquido antes de su uso, ver **descripción de la planta.**

- **Salvia romana,** en el medievo se llamaba "limpia-ojos", el término Sclarea se deriva del latín Clarus, que significa "aclarar" o "limpiar". La infusión en uso tópico **limpia los ojos depurándolos** de males como la vista cansada o la borrosa, ver **descripción de la planta.**

- **Tomate de árbol,** su consumo sirve para fortalecer **la visión,** ver **descripción de la planta.**

- **Trébol,** la infusión en uso tópico, mediante lavados o apósitos contra la **conjuntivitis.** Para cualquier **inflamación ocular,** ver **descripción de planta.**

- **Verdolaga,** la infusión mediante cataplasma o apósito se utiliza aliviar la **conjuntivitis.** Buen remedio para las **inflamaciones oculares,** ver **descripción de la planta.**

- **Vid,** en problemas oculares como **conjuntivitis, blefaritis - orzuelos,** se utiliza **la savia en uso tópico,** es considerada como uno de los colirios naturales más importantes y muy adecuados en los **...Continúa**

... tratamientos oculares, limpia el ojo y mejora la visión de la persona afectada. En las **inflamaciones de la conjuntiva,** la aplicación de un poco de agua de sarmiento ayudará a rebajar la inflamación y **curar el picor o dolor.** Aplicar una gota recién salida de la planta en forma de colirio. **No se puede guardar el líquido,** se estropea, hay que aplicar inmediatamente, ver **descripción de la planta.**

- **Zanahoria,** la OMS considera la deficiencia de vitamina A como la causa más importante de **ceguera infantil** en países en desarrollo, ver **descripción de la planta.**

- **Zarza,** el consumo **de sus frutos** (las moras), sirve **para ralentizar** el avance de algunas **enfermedades de la visión, en especial de tipo degenerativo,** ver **descripción de la planta.**

Problemas respiratorios

(Bronquitis - Congestión - Resfriados - Tos)

Nunca sustituir la medicación por los remedios naturales. Estos remedios son de apoyo, **siempre hay que consultar con el Pediatra.**

Para evitar problemas de caries, al utilizar infusiones ingeridas se aconseja, si fuese necesario endulzar, el utilizar cualquier edulcorante que se indica en el apartado de **Edulcorantes.**

- **Acacia,** la infusión ayuda a tratar los casos de **bronquitis,** al formar una capa protectora, calmante sobre las infecciones de las vías **respiratorias por congestión.** Como tratamiento para la **tos.** Para **el resfriado común,** en las infecciones leves (también en gargarismos), ver **descripción de planta.**

- **Acerola,** para combatir las **infecciones bronquiales,** respiratorias como la **sinusitis,** y en prevención de **resfriados,** ver **descripción de la planta.**

- **Achiote,** para **aliviar y curar la bronquitis y la tos,** tomar 1 gr. de polvo de achiote en una taza de agua bien caliente, ver **descripción de la planta.**

- **Ajo,** se aconseja en las épocas más frías del año, cuando es común que enfermen de **gripes o resfriados**, ver **descripción de la planta.**

- **Alholva,** es beneficiosa contra las **congestiones** y, sobre todo, para contrarrestar **catarros, resfriados y faringitis,** ver **descripción de la planta,** forma de uso y consumo en **VII y VIII.**

- **Almendro,** para la **congestión pulmonar y bronquitis,** tomar 30 almendras ralladas con agua edulcorada. Para la **tos ferina** mezclar dos cucharadas de miel, con dos de aceite de almendras, **tomar durante 1 semana mañana y noche,** ver **descripción de la planta y de la Miel.**

- **Ambay,** la infusión se considera un **antiasmático** y resuelve problemas en las vías respiratorias como la **bronquitis o neumonía, pulmonía, enfisema pulmonar,** para **aliviar la tos, catarros y resfriados** (asociada con la planta Pulmonaria), ver **descripciones de las plantas,** forma de uso **VII.**

- **Anacahuita,** muy recomendada para curar las **afecciones respiratorias e inflamaciones bronquiales.** Es expectorante para aliviar **la tos,** tomar bien caliente 4 o 5 veces al día, ver **descripción de planta,** forma de uso **VII.**

- **Angélica,** la infusión de las hojas es un gran expectorante natural, estimulando la secreción **bronquial y la tos,** ver **descripción de la planta.**

- **Antennaria,** contra **la bronquitis.** Alivia la **congestión pulmonar** y elimina la **tos irritativa,** ver **descripción de la planta.**

- **Árbol de Tilo,** por sus propiedades sobre las glándulas sudoríparas (flavonoglucósidos), como carminativo y diaforético se utiliza al ser eficaz contra los **resfriados, y en los procesos catarrales,** ver **descripción de la planta,** forma de uso **VII.**

- **Asafétida,** utilizada desde la antigüedad para infecciones y como estimulante respiratorio aliviando la **congestión del pecho. Tiene** el poder de aliviar **problemas de asma, bronquitis, tos seca, tos ferina,** mezclado con un poco de miel (**en mayores de 1 año**) y jengibre, ver **descripción de la planta y de la Miel.**

- **Azufaifo o Jinjolero,** desde tiempos remotos se considera **excelente anticatarral** y muy beneficioso para la **congestión pectoral,** considerado expectorante contra la **tos pertinaz,** se utiliza en **resfriados, bronquitis aguda.** Se prepara con 60 gr. del fruto, hervido durante 20 minutos en un litro de agua. Colar y endulzar a gusto, preferentemente con miel (**a partir de 1 año**), ver **descripción de la planta.**

- **Bergamota,** se utiliza contra la **tos** (gárgaras). Para la **bronquitis** aplicando el bálsamo de su aceite a través de inhalaciones, gárgaras y masajes se obtendrá una pronta recuperación, ver **descripción de planta.**

- **Bistorta,** la infusión ingerida para tratamiento de **catarros y resfriados,** ver **descripción de la planta,** forma de uso **VII.**

- **Calalagua,** las infusiones es un efectivo remedio para tratar trastornos del sistema respiratorio como **la bronquitis y la tos,** ver **descripción de la planta,** forma de uso **VII.**

- **Canchalagua,** macerada es **eficaz en el primer período de la pulmonía, pleuresía,** ver **descripción de la planta,** forma de uso **VII.**

- **Canela,** la infusión tiene un alto contenido en vitamina C para combatir **el resfriado,** ver **descripción de la planta.**

- **Canela con miel,** combate y alivia (**a partir de 1 año**) los **resfriados,** ver **descripción de la planta y de la Miel.**

- **Caña de limón o Citronela,** la infusión ingerida, **utilizar las bolsitas elaboradas,** tiene propiedades antiespasmódicas expectorantes **para la tos**, y anticatarral en **resfriados**, ver **descripción de la planta.**

- **Caqui,** eficaz en la **prevención resfriados** por su aporte en vitaminas A y C en acción conjunta, ver **descripción de la planta.**

- **Cártamo,** la infusión ingerida de sus flores en la medicina hindú se utiliza para los **dolores pectorales** por congestión, **enfermedades respiratorias, pulmonares y neumónicas,** también **para la tos** expectorante, ver **descripción de la planta.**

- **Castaño,** para **combatir la tos, tosferina**, ver **descripción de la planta,** forma de uso **VII (1).**

- **Cebolla,** beber el líquido resultante al hervirla con un poco de miel (**solo mayores de 1 año**). Por su alto contenido de vitamina C, ayuda en gran medida a **curar el resfriado,** así como la **congestión nasal y pectoral.** El **uso tópico de ½ cebolla** durante la noche, lo más cercana a la cabeza (mesilla de noche), alivia y ayuda a respirar, mejorando el descanso en **congestiones, resfriados o dolencias respiratorias.** Se pone negra, y se debe de cambiar cada dos días como máximo, el inconveniente es el olor que desprende, igualmente se puede después beber el líquido hervido, ver **descripción de la planta y de la Miel.**

- **Cedrón o Hierbaluisa,** las inhalaciones para las afecciones del aparato respiratorio expulsa las mucosidades, y alivia la **tos**, ver **descripción planta.**

- **Centeno,** como agua de día por sus mucílagos calma las infecciones del aparato respiratorio como los **resfriados,** suavizando la **tos**, ver **descripción de la planta,** forma de uso **VII.**

- **Chachacoma,** para combatir la **tos convulsa, el jarabe,** es excelente, se debe **consultar al médico o especialista la forma de uso.** Generalmente los enfermos comienzan a sentir el alivio a partir del tercer día... **Continúa**

... de tratamiento, con Pulmonaria e ingerida, se utiliza para combatir los **resfriados**, ver **descripciones de las plantas,** forma de uso **VII.**

- **Chequen,** al ser buen expectorante **alivia la tos**, ver **descripción planta.**

- **Chirimoya,** en caso de enfermedades crónicas y para combatir **resfriados**, ver **descripción de la planta.**

- **Cilantro,** potente expectorante contra **la tos**, eliminando flemas y mucosidades consumida con regularidad durante ese proceso, ver **descripción de la planta.**

- **Ciruelo / Pruno,** la infusión de las flores, mejora y cura las **enfermedades del pulmón** y de **la tos**, ver **descripción de la planta.**

- **Clementina,** al ser rica en Vitamina C, B, ácido cítrico y caroteno, destaca por su **efecto anti-resfriado**, ver **descripción de la planta.**

- **Col de Bruselas,** su vitamina C para el aparato respiratorio ayuda a reducir los síntomas **del resfriado**, ver **descripción de la planta.**

- **Equinácea,** para combatir enfermedades del aparato respiratorio como **las congestiones** pulmonares, **el resfriado, la tos,** incluso como preventivo se puede tomar una infusión diaria sin temor alguno, **existen preparados para mayores de 6 años**, ver **descripción de la planta.**

- **Eucaliptus,** los vahos reducen la inflamación, como **antiinflamatorio**, facilitan la respiración y mejora las vías respiratorias en la **congestión** pectoral la **traqueítis,** así como en constipados o **resfriados.** Buen inhibidor de la irritación bronquial, **se recomienda** su aplicación en enfermedades como la **bronquitis, tanto aguda como crónica.** Alivia la **tos** al ser antitusivo, realizado dos veces al día. **Su aceite** se utiliza para **la congestión nasal,** así como para la **sinusitis (mayores de 6 años)** en apoyo del remedio con **Niaoulí,** ver **descripciones de las plantas.**

- **Fresno,** la infusión se utiliza en **los refriados**, ver **descripción de planta.**

- **Gatera,** la infusión se utiliza para tratamiento en problemas respiratorios de **resfriados** y **tos**, ver **descripción de la planta.**

- **Gladiolos,** se utiliza **para aliviar la tos,** beber tan sólo una taza por la noche en **caso de bronquitis**, ver **descripción de la planta.**

- **Graviola,** utilizada en cualquier modalidad es expectorante, ayuda a tratar enfermedades relacionadas al sistema respiratorio, entre ellas **bronquitis, resfriados, tos**, ver **descripción de la planta.**

- **Helicriso o Sol de oro,** contra **la bronquitis**, el **enfisema pulmonar, y la tos** (al ser expectorante), ver **descripción de la planta.**

- **Hibisco,** por su alto contenido vitamina C, ayuda a prevenir **el resfriado** y otras enfermedades infecciosas. Si se toma **cuando aparecen los síntomas,** ayudará mucho más rápido, ver **descripción de la planta.**

- **Hiedra común,** la infusión ingerida **de sus hojas** se emplea **en catarros** de vías respiratorias altas y en tratamiento de **bronquitis crónicas, resfriados** e incluso en casos de **tos rebelde** con **vómitos** y como expectorante para la **tos irritativa.** La infusión ingerida **de sus frutos** se utiliza en la **hemoptisis pulmonar** (expectoración de sangre), ver **descripción de la planta.**

- **Hierbabuena,** la infusión, **a partir de los 6 años,** se utiliza en los **procesos de resfriados** y expectorante que **alivia la tos,** ver **descripción de la planta.**

- **Hierba de san Pedro,** la infusión ingerida, incluso en gargarismos para problemas en las vías respiratorias, en **resfriados** o la **tos**, ver **descripción de la planta,** forma de uso **VII.**

- **Higo,** para combatir **la bronquitis y la tos,** esta planta al ser emoliente se debe de hervir 15 a 20 higos secos reducidos a trozos en 250 gr. de leche, durante unos 20 minutos, añadir una cucharadita de miel **(en mayores de 1 año),** colar y beber la leche caliente una taza al día antes de...**Continúa**

... acostarse, usar hasta que la tos o el catarro desaparezcan, ver **descripción de la planta y de la Miel.**

- **Higo chumbo o Tuna,** su consumo es bueno para las **congestiones** y dolores de las **enfermedades pulmonares,** ver **descripción de la planta.**

- **Jazmín,** el té **ingerido y en gárgaras** pueden prevenir los resfriados, y ayuda a tener una recuperación más temprana, ver **descripción de planta.**

- **Jengibre,** la infusión con un poco de Miel y Asafétida, tiene el poder de aliviar **problemas de bronquitis** y bebiendo **(los mayores de 1 año)** sirve en los **problemas bronquiales.**   También es buen expectorante **contra la tos, tos seca, tos** ferina, cortar el Jengibre en rodajas muy finas y meter en un tarro de Miel **(en mayores de 1 año)** tomando una cucharada de esa miel por la mañana y por la noche sirve **contra la tos. Para el resfriado** se puede añadir la Canela a la infusión de Jengibre con Madreselva de flor blanca, ver **descripciones de las plantas y de la Miel.**

- **Kudzu,** su consumo alivia los procesos **bronquiales,** sirve de ayuda a **reducir la fiebre** y para aliviar problemas en los procesos relacionados con **resfriados** y cuadros de **tos,** ver **descripción de la planta.**

- **Laurel,** la infusión ingerida actúa sobre las vías respiratorias, principalmente en caso de **bronquitis,** ver **descripción de la planta.**

- **Lavanda,** se utiliza su aceite en **la congestión nasal,** así como para la **sinusitis (mayores de 6 años),** en apoyo del remedio con **Niaoulí,** ver **descripciones de las plantas.**

- **Lechuga,** el jugo bebido puede ayudar a reducir los síntomas del **asma,** y problemas en el aparato respiratorio, como la **bronquitis,** ver **descripción de la planta.**

- **Lechuga virosa,** muy empleado el jarabe contra: la **bronquitis,** calma y suprime **la tos (tos ferina),** ver **descripción de la planta.**

- **Lilo,** la infusión de la corteza o flores sirve para paliar la **bronquitis**, y en los procesos **catarrales y resfriados**, ver **descripción de la planta.**

- **Limón,** su consumo **es conveniente** al aportar vitamina C, **para los resfriados**, ver **descripción de la planta.**

- **Liquen de Islandia,** la infusión ingerida en **cualquiera** de las **maneras indicadas,** tomando tres tazas al día, es especialmente indicado en procesos **catarrales o resfriados,** edulcorar al gusto. La confiere acción **antitusiva**, ver **descripción de la planta,** forma de uso **VII.**

- **Lisimaquia,** la infusión contra **la tos** se bebe una taza endulzada con Miel (**mayores de 1 año**), tomar 2 o 3 veces al día, ver **descripción de la planta y de la Miel.**

- **Llantén mayor,** la infusión actúa contra la **bronquitis crónica.** Bastante efectiva en **procesos gripales.** Es **antitusivo** y expectorante **en resfriados y la tos**, ver **descripción de la planta,** forma de uso **VII.**

- **Madreselva,** la infusión se utiliza para **infecciones de las vías respiratorias**, ver **descripción de la planta,** forma de uso **VII.**

- **Malva,** la infusión **ingerida** se utiliza en afecciones de las vías respiratorias, para el **dolor y congestión** en el pecho. Es muy efectiva contra la **bronquitis,** en **procesos catarrales, refriados y en la tos seca**, ver **descripción de la planta.**

- **Malvavisco,** la infusión ingerida **de las hojas y raíces** son antiinflamatorios, **reduce el dolor** y la hinchazón asociados con las membranas mucosas de las vías respiratorias, como en **la bronquitis,** los **casos de tos**, ver **descripción de la planta.**

- **Mango,** consumir **la cáscara** puede **curar la tos y el resfriado** al ser rica en Fito nutrientes, antioxidantes, carotenoides y polifenoles, ver **descripción de la planta.**

- **Marrubio,** la infusión ingerida para los **dolores** y congestiones de los **pulmones,** el catarro, **refriados** y afecciones respiratorias, ver **descripción de la planta.**

- **Mastuerzo,** la infusión o decocción trata afecciones y enfermedades respiratorias **como la tos,** ver **descripción de la planta,** forma de uso **VII.**

- **Membrillo,** es muy eficaz para tratar **enfermedades bronquiales,** en caso de **resfriados y la tos,** ver **descripción de la planta.**

- **Menta,** la infusión ingerida es refrescante, **descongestionante** de las vías respiratorias, **combate resfriados, la tos** y dolencias típicas causadas por el frío, ver **descripción de la planta.**

- **Menta de lobo,** la infusión ingerida calma las vías respiratorias eliminando la irritación **como la tos** excesiva, y **congestiones,** ver **descripción de la planta.**

- **Miel,** tomar solo miel, **mayores de 1 año** se utiliza contra **la bronquitis,** destruye microorganismos en prevención del **resfriado.** También de apoyo a los remedios de **Asafétida, Almendro, Azufaifo, Higuera / Higo, Jengibre, Lisimaquia, Tomillo cabezudo,** ver **descripciones de las plantas y de la Miel,** por si existiese **interacción con fármacos o posibles contraindicaciones.**

- **Mirra,** ingerida y en gargarismos es sumamente útil **en catarros,** y afecciones respiratorias en **época de resfriados,** ver **descripción de planta.**

- **Mirto,** solo utilizar **en mayores de 6 años.** La infusión contra la **bronquitis** y el **enfisema pulmonar** por sus **propiedades** expectorantes. Es beneficiosa **contra la tos,** ingerida o en **inhalaciones.** El **aceite esencial** ingerido es beneficioso en la **descongestión de las vías respiratorias** y los senos paranasales, ver **descripción de la planta,** formas de uso **VI** y **VII.**

- **Mora blanca,** se hace un jarabe que se utiliza para los resfriados y catarros de las vías respiratorias, ver **descripción de la planta.**

- **Mora negra,** para los **problemas respiratorios** se deben de emplear sus frutos. **En caso de tos,** beber una taza de agua caliente en la que se le habrá añadido una cucharadita de este jarabe de elaboración artesanal. **Contra el resfriado** las moras secas, son una gran fuente de proteínas, vitamina C y K, fibra y de hierro. **Como alimento** es adecuado para evitar el catarro y soporte ante determinadas enfermedades virales, ver **descripción de la planta,** forma de consumo **VIII.**

- **Mostaza blanca,** se utiliza por su eficacia en enfermedades respiratorias, **bronquitis, congestión pulmonar, resfriados, tos**, ver **descripción de la planta.**

- **Mostaza negra,** su consumo **como antiinflamatorio** es eficaz en el tratamiento de órganos internos y en enfermedades respiratorias como **bronquitis, congestión pulmonar, resfriados**, ver **descripción de la planta.**

- **Naranjo dulce,** aliado en enfriamientos y **catarros tanto el consumo como el zumo** y para los **estados de congestión** en los que no tenemos apetito y buscamos algo que nos hidrate y depure a la vez, ver **descripción de la planta.**

- **Nevadilla,** la infusión ingerida se utiliza para tratar **síntomas de bronquitis y resfriados,** ver **descripción de la planta.**

- **Niaoulí,** se utiliza solo **en mayores de 6 años,** la infusión ingerida o en uso tópico (masajes directamente sobre la piel) para tratar infecciones de las vías respiratorias **como la bronquitis, tos.** Contra **la congestión** nasal y la **sinusitis** verter sobre un pañuelo 2 gotas de aceite de Niaoulí, 2 gotas de aceite de Lavanda y 2 gotas de aceite de Eucalipto. Respirar tantas veces como sea posible, ver **descripciones de las plantas,** para la **bronquitis y la tos,** ver forma de uso **VII.**

- **Olmo,** la infusión es efectiva para las enfermedades **pulmonares** y para combatir **la tos,** ver **descripción de la planta,** forma de uso **VII.**

- **Orégano,** la infusión ingerida ayuda **a reducir** los síntomas de **la bronquitis** y muy beneficiosa **contra los enfisemas pulmonares**. También ayuda a reducir los síntomas de los **catarros, resfriados** y alivia la **tos**. La infusión **en uso tópico** es un buen remedio contra la **sinusitis**, ver **descripción de la planta,** formas de uso **IV y VII.**

- **Oreja de oso,** la infusión ingerida se utiliza contra **tuberculosis,** ver **descripción de la planta.**

- **Ortiga,** se utiliza **contra la hemoptisis** (expulsión de sangre por las vías respiratorias debido al **sangrado en los pulmones**), ver **descripción planta.**

- **Ortiga muerta,** la infusión de las flores y puntas floridas ingerida y cocinadas, en las **enfermedades pulmonares,** ver **descripción de la planta,** formas de uso **VII y VIII.**

- **Oruga marítima,** el zumo se utiliza por ser un buen remedio contra los catarros **bronquiales, pulmonares y resfriados,** ver **descripción de planta.**

- **Palo colorado,** contra el **resfriado,** ingerir 3 veces al día la infusión de dos cucharadas llenas de hojas secas y molidas por 1 litro de agua, ver **descripción de la planta.**

- **Pareira brava,** la infusión ingerida es útil en **caso de resfriados**. Es de gran poder expectorante en **problemas de tos,** ver **descripción de planta.**

- **Pensamiento,** la infusión ingerida es beneficiosa en casos de **bronquitis** aguda, problemas **pulmonares,** en procesos **catarrales y resfriados,** para la **tos y tos ferina,** ver **descripción de la planta.**

- **Perejil,** aumentar su consumo en épocas como el otoño o el invierno, en caldos y sopas, gracias a sus cualidades **frente resfriados** (no ayuda a evitarlos, pero es útil para **aliviar sus síntomas y acortar su duración**), ver **descripción de la planta.**

- **Pimienta de Jamaica,** su consumo es utilizado para las **congestiones** de pecho y aliviar **bronquitis**, ver **descripción de la planta.**

- **Pimienta negra,** la infusión ingerida (sin exceso), alivia los **procesos respiratorios, la congestión,** síntomas de **resfriados** y **tos** (en este caso también, rociando de Pimienta negra medio Limón y chuparlo), ver **descripciones de las plantas.**

- **Pino,** en problemas respiratorios como **bronquitis, congestiones, resfriados, sinusitis, tos,** se utiliza en inhalaciones **(solo mayores de 6 años),** o se puede frotar el pecho con sus preparados en caso de congestiones. También **se puede consumir piñones (desde pequeños),** para el mismo fin, ver **descripción de la planta.**

- **Plátano,** estudios indican que los niños que comen al menos un plátano al día reducen la probabilidad de desarrollar **asma** en un 34%, ver **descripción de la planta.**

- **Polygala calcárea,** la infusión ingerida se utiliza contra los **problemas bronquiales, la congestión, los pulmones,** para **combatir la gripe, mucosidades, resfriados, la tos**, ver **descripción de la planta.**

- **Polygala común,** la infusión ingerida se utiliza como expectorante **contra la tos**, ver **descripción de la planta.**

- **Puerro,** su consumo actúa en las afecciones **respiratorias** y ayuda en **problemas bronquiales** y **tos intensa**, ver **descripción de la planta.**

- **Pulmonaria,** la infusión ingerida se utiliza para calmar y tratar **la tos, y tosferina**. Contra la **bronquitis, resfriados se recomienda** la misma infusión asociada con Ambay o Chachacoma, se emplea con éxito en las **inflamaciones de los bronquios y catarros** en general, ver **descripciones de las plantas,** ver forma de uso **VII.**

- **Pulmonaria arbórea,** la infusión está indicada para **la bronquitis, resfriados, poderoso remedio contra la tos,** siendo de efecto balsámico, ver **descripción de la planta,** forma de uso **VII.**

- **Rábano,** en **mayores de 3 años,** es útil cuando se lucha **contra un resfriado,** ver **descripción de la planta.**

- **Salvia,** ingerida se puede utilizar **a partir de 6 años, nunca más de tres infusiones diarias,** es de utilidad contra **los resfriados.** La inhalación de una decocción de sus hojas alivia el **asma bronquial leve.** También se puede utilizar para la **tos** con flemas, ver **descripción de la planta.**

- **Salvia romana,** el aceite esencial contribuye a **calmar los espasmos** y la tirantez de los músculos que rodean los **bronquios en asmáticos.** La infusión ingerida alivia **el resfriado,** ver **descripción de la planta,** formas de uso **VII (7 y 8).**

- **Sandía,** su consumo protege el sistema **respiratorio y pulmonar,** ver **descripción de la planta.**

- **Sanícula,** la infusión ingerida se utiliza en caso de **bronquitis, enfisema pulmonar,** y actúa contra la **bronquiectasia,** ver **descripción de la planta.**

- **Saúco,** la infusión es beneficiosa **para los resfriados** y **expectorante para la tos, también en inhalaciones,** ver **descripción de la planta.**

- **Serbal,** la cocción ingerida (incluso los frutos secos) combate y alivia **la tos,** ver **descripción de la planta,** forma de uso **VII (1).**

- **Serpol,** la infusión ingerida se utiliza contra la **tos y la tos ferina,** ver **descripción de la planta.**

- **Tamarindo,** la infusión ingerida es eficaz para **combatir los resfriados y la tos,** ver **descripción de la planta,** forma de uso **VII.**

- **Té de roca,** la infusión es eficaz para tratar infecciones de las vías respiratorias, como **resfriados, y ataques de tos**, ver **descripción de planta.**

- **Tila,** la infusión ingerida se utiliza para reducir los **ataques de tos** tras un resfriado, ver **descripción de la planta.**

- **Tila alpina,** la infusión ingerida es ideal para **resfriados** y **síntomas tos**, por la presencia de mucílagos, ver **descripción de la planta.**

- **Tomate de árbol,** es bueno su consumo en caso **de resfriados.** Controla **la rinitis** tomando al menos dos veces al día el jugo de esta fruta, ver **descripción de la planta.**

- **Tomillo,** la infusión ingerida es muy eficaz para el **resfriado.** Tiene excelentes propiedades expectorantes, y modera los **efectos de la tos y la tosferina.** Es muy útil en casos de **bronquitis**, ver **descripción de la planta.**

- **Tomillo cabezudo,** la infusión ingerida se utiliza para combatir las **inflamaciones bronquiales** y contra la **tos ferina.** La infusión **con miel (a partir de 1 año)**, contra los **resfriados**, ver **descripción de la planta.**

- **Trébol,** se utiliza para los procesos **catarrales y resfriados**, ver **descripción de la planta.**

- **Tronadora,** la infusión es beneficiosa **contra la tos**, ver **descripción de la planta.**

- **Vasaka,** la infusión ingerida de la planta entera se utiliza **en mayores de 3 años,** para **infecciones crónicas** de las vías respiratorias como **las bronquitis,** el **resfriado** y **la tos**, ver **descripción de la planta.**

- **Vellosilla,** la infusión ingerida ayuda positivamente como **anticatarral, en caso de problemas respiratorios y resfriados.** Es recomendada en el tratamiento **bronquial o la bronquitis**, ver **descripción de la planta.**

- **Verónica,** la infusión alivia la **bronquitis** y combate la **bronquiectasia,** así como **catarros, resfriados y la tos**, ver **descripción de la planta.**

- **Yerba santa,** la infusión es útil **contra la tos, el asma, bronquitis y la disnea** (dificultad para respirar), ver **descripción de la planta.**

Zarza, el **consumo o el jugo de la mora** por su elevado contenido en vitaminas A y C, es imprescindible para prevenir **infecciones del tracto respiratorio** y catarrales como los **resfriados,** ver **descripción de la planta.**

Quemaduras - Rayos solares

Nunca sustituir la medicación por los remedios naturales. Estos remedios son de apoyo, **siempre hay que consultar con el Pediatra.**

- **Aceite de oliva,** en uso tópico aplicar sobre la piel para sanar y aliviar **las quemaduras,** ver **descripción de la planta y del Aceite de oliva.**

- **Agua,** lavar la piel con agua fría mediante apósitos en las **quemaduras,** varias veces al día.

- **Almendro,** utilizando almendras ralladas sobre las **quemaduras,** cura, desinfecta y alivia dolores, ver **descripción de la planta.**

- **Aloe vera,** alivia y evita ampollas por **quemaduras de aceite, agua o del sol,** ver **descripción de la planta.**

- **Calabaza,** un emplasto de hojas bien lavadas y trituradas sirve para las **quemaduras,** ver **descripción de la planta.**

- **Clara de huevo,** se puede aplicar la clara sobre la **piel quemada,** alivia y cura, ver **descripción de la Cáscara de huevo.**

- **Castaño de Indias,** la infusión de sus hojas (sin endulzar) y en uso tópico, **las cremas o pomadas,** actúan como **filtro solar natural,** protegiendo a la vez que la nutre y suaviza por su elevado contenido en alantoína, sirve también para las **quemaduras** normales. Existen en tiendas especializadas cremas y pomadas, ver **descripción de la planta.**

- **Cola de caballo,** la cataplasma o la infusión en uso tópico se utiliza para **quemaduras,** aliviándolas, ver **descripción de la planta,** forma de uso **IV.**

- **Equinácea,** es suficiente diluir 5 gotas de su tintura en media cucharadita (de postre) de agua e impregnar un apósito y aplicar directamente sobre la **ampolla,** ver **descripción de la planta.**

- **Escarola,** su consumo es recomendable contra las situaciones como la **exposición al sol** *y* la contaminación ambiental, ver **descripción de planta.**

- **Espirulina,** el Betacaroteno que contiene es útil para **proteger la piel del efecto del sol** por estimular la secreción de melanina, ver **descripción de la planta.**

- **Geranio,** el aceite en uso tópico se utiliza para aliviar y sanar las **quemaduras,** ver **descripción de la planta.**

- **Granada,** el aceite de su semilla protege de los efectos nocivos de los **rayos ultravioletas del sol,** que pueden causar arrugas y aumentan el riesgo de sufrir cáncer de piel; aplicar una o dos gotitas extendidas por la piel limpia y seca al menos una vez al día, ver **descripción de la planta.**

- **Hiedra común,** la infusión en uso tópico de los tallos tiernos, hervidos en un medio graso, se utilizan para las **quemaduras solares,** ver **descripción de la planta.**

- **Hierbabuena,** la infusión **con Aceite de oliva,** es un excelente ungüento en compresa para calmar y sanar **quemaduras,** ver **descripción de la planta y del Aceite de oliva.**

- **Hipérico,** su aceite en uso tópico es eficaz contra las **quemaduras,** ver **descripción de la planta.**

- **Judías o Alubias,** en uso externo mediante cataplasmas se puede utilizar contra las **quemaduras,** para ello realizar con una cucharada llena de vainas secas cortadas de judías a 250 gr. de agua fría, hervir, ...**Continúa**

... el líquido e incluso las vainas se utilizan para realizar las compresas, ver **descripción de la planta.**

- **Lechuga,** en las **quemaduras** aplicar mediante apósitos o lavados el jugo de lechuga en la zona quemada, al hervir las hojas durante 15 minutos y colar, ver **descripción de la planta.**

- **Maicena,** contra las quemaduras **por rayos solares** que pueden provocar lesiones muy molestas, pudiendo dejar cicatrices y causar irritaciones en la piel. Para refrescar las zonas afectadas por los rayos UV, basta con preparar una pasta de Maicena y Agua, para aplicar sobre la piel, ver **descripción de la planta del Maíz y de la Maicena.**

- **Malvavisco,** los **extractos de raíz** aplicados directamente reducen las **quemaduras,** ver **descripción de la planta.**

- **Manzana,** la cataplasma de una papilla de manzana se utiliza para el tratamiento de **quemaduras,** ver **descripción de la planta.**

- **Marrubio,** la infusión se utiliza en uso tópico para aliviar y sanar **las quemaduras,** ver **descripción de la planta.**

- **Martagón,** las hojas se pueden aplicar a la piel, con el fin de reducir la inflamación y la hinchazón **de las quemaduras,** ver **descripción de planta.**

- **Miel,** se puede aplicar en la piel para sanar las **quemaduras,** ver **descripción de la Miel.**

- **Mirra,** la infusión o el aceite en uso tópico ayuda a **curar y desinfectar** quemaduras, ver **descripción de la planta.**

- **Olmo,** la infusión se utiliza **en ungüentos,** para las **quemaduras,** ver **descripción de la planta,** forma de uso **V.**

- **Ortiga muerta,** la infusión de las flores y puntas floridas en uso tópico mediante lavados o apósitos, curan y refrescan **las quemaduras.** También la tinturas en uso tópico, ver **descripción de la planta,** forma de uso **VII.**

- **Pachuli,** una pequeña cantidad en uso tópico, diluido en otro aceite, sirve para calmar las **quemaduras** (también en apósito), ver **descripción de la planta.**

- **Papaya,** el consumo a **partir de 3 años,** por su alto contenido en betacaroteno, favorece y mantiene el bronceado, y **previene la aparición de quemaduras solares**, ver **descripción de la planta.**

- **Pareira brava,** las hojas cocidas y machacadas, **en emplasto,** se utilizan para las **quemaduras**, ver **descripción de la planta.**

- **Patata,** su consumo es conveniente por la vitamina C, desarrolla su capacidad de mejorar la textura de la piel y para **prevenir** el **daño causado por el sol**, ver **descripción de la planta.**

- **Retama de los tintoreros,** la infusión mediante lavados o apósitos sana y alivia **las quemaduras**, ver **descripción de la planta.**

- **Salvia romana,** la infusión o su aceite en uso tópico, alivia y **sana las quemaduras**, ver **descripción de la planta.**

- **Sanguinaria del Canadá,** la infusión en uso tópico cicatriza las heridas por **quemaduras**, ver **descripción de la planta,** forma de uso **VII.**

- **Sanícula,** la infusión en lavados o apósitos para las **quemaduras**, ver **descripción de la planta.**

- **Serbal,** la cocción y la tintura en uso tópico se utiliza para sanar las **quemaduras**, ver **descripción de la planta.**

- **Serpol,** la infusión se utiliza mediante apósitos o ungüentos, en las **quemaduras**, ver **descripción de la planta.**

- **Tanaceto,** la infusión mediante lavados y apósitos sana las **quemaduras**, ver **descripción de la planta.**

- **Tifa,** la infusión mediante apósitos y lavados mejora **las quemaduras,** ver **descripción de la planta.**

- **Tila,** la infusión en uso tópico resulta un alivio inmediato para la piel en caso de **quemaduras solares,** ver **descripción de la planta.**

- **Tomate,** la aplicación tópica del jugo de tomate, en forma de emplasto, se utiliza para sanar heridas y **quemaduras.** El consumo regular de tomate protege la piel contra los rayos UV, **(es conveniente vigilar el exceso en los más pequeños,** al ser dual como estreñimiento o diarreas), ver **descripción de la planta.**

- **Verdolaga,** la infusión en cataplasma o apósito, alivia y sana las **quemaduras,** ver **descripción de la planta.**

Refrescantes - Agua de día - Estómago - Vómitos

Nunca sustituir la medicación por los remedios naturales. Estos remedios son de apoyo, **siempre hay que consultar con el Pediatra.**

Para evitar problemas de caries, al utilizar infusiones ingeridas se aconseja, si fuese necesario endulzar, el utilizar cualquier edulcorante que se indica en el apartado **de Edulcorantes.**

- **Ajedrea o Hisopillo,** sirve de apoyo digestivo con las **Judías o Alubias,** ver **descripciones de las plantas.**

- **Árbol de Tilo,** ingerida combate las afecciones digestivas, y **estomacales,** ver **descripción de la planta,** forma de uso **VII.**

- **Bistorta,** la infusión ingerida es demulcente favoreciendo el funcionamiento del **estómago en caso de estomatitis,** ver **descripción de la planta,** forma de uso **VII.**

- **Canela con miel,** para **mayores de 1 año**, la dosis estándar será de una cucharada de postre, mezclar con un poco de agua caliente, y tendrá el sabor de una infusión endulzada, o bien con agua fría, y de esta manera será una **bebida refrescante y saludable**. También se puede combinar con jugo, leche, yogur, pero siempre sin cocinarla, ver **descripción de la planta y de la Miel.**

- **Caña de azúcar,** actúa como digestivo, por la presencia de potasio manteniéndolo en buena forma, previene las **infecciones de estómago**. También tomar 4 tazas por día de la decocción, es un eficaz depurativo, ver **descripción de la planta,** forma de uso **IX.**

- **Cariofilada,** se utiliza para los trastornos intestinales, **gastroenteritis,** ver **descripción de la planta,** forma de uso **VII (4).**

- **Cebada,** para las alteraciones **estomacales,** gástricas e **intestinales,** por su contenido enzimático en clorofila, vitaminas y minerales. **Excelente** fuente de fibra que activa el sistema digestivo **estomacal** y lo mantiene saludable, **colabora en la digestión,** asimilación y correcta utilización por parte de las células digestivas. También utilizándose **como agua de día** el líquido se puede añadir a los zumos, o hervida con una de canela como refrescante, ver **descripción de la planta,** forma de uso **VII.**

- **Cebolla,** excelente fuente de fibra que **activa el sistema digestivo** y lo mantiene saludable. Los prebióticos presentes favorecen el desarrollo de bacterias benéficas que **ayudan a la digestión**. También el beber el líquido resultante al hervirla con un poco de miel (**solo mayores de 1 año**) se utiliza para **heridas internas,** ver **descripción de la planta y de la Miel.**

- **Hibisco,** la infusión actúa en el **estómago contra** los efectos antiespasmódicos, y contra las molestias digestivas como **síndrome de colon** irritable, ver **descripción de la planta.**

- **Jazmín,** beber té sirve de ayuda en la prevención de **enfermedades estomacales,** ver **descripción de la planta.**

- **Judías o Alubias,** el consumo de las judías secas para **una mejor digestión** es cuando se agrega en su preparación especies del tipo de la Salvia o Ajedrea, ver **descripciones de las plantas.**

- **Kiwi,** su consumo regular mejora el funcionamiento de todo el **aparato digestivo y estomacal,** ver **descripción de la planta.**

- **Kudzu,** consumir ayuda en problemas gastrointestinales y **estomacales** se recomienda ingerirlo **en polvo y no en comprimidos.** Disolver en un vaso de agua dos cucharadas de postre, hervir 5 minutos hasta que adquiera una consistencia gelatinosa de color rosáceo. No tiene sabor, se puede beber directamente o agregar a un jugo de frutas**,** ver **descripción planta.**

- **Laurel,** la infusión ingerida alivia las **molestias estomacales,** reduciendo los espasmos **intestinales,** ver **descripción de la planta.**

- **Lechuga,** beber su jugo en los **problemas estomacales,** ver **descripción de la planta.**

- **Liquen de Islandia,** la doble decocción ingerida por el ácido cetrárico es especialmente útil en **procesos con emesis o vómitos. La infusión** ingerida de **cualquier** manera indicada, tres tazas al día, es efectiva en la gastroenteritis **estomacal,** ver **descripción de la planta,** forma de uso **VII.**

- **Malva,** la infusión ingerida para las afecciones del aparato digestivo resulta muy efectiva **para el estómago irritado,** ver **descripción de planta.**

- **Manzanilla,** la infusión ingerida combate el **dolor de estómago, flato, gastritis, diverticulosis, diverticulitis.** En caso de **ingestión de tóxicos** provoca el vómito, ver **descripción de la planta.**

- **Maracuyá,** el consumo reduce el riesgo de ciertas alteraciones y **enfermedades digestivas o estomacales,** ver **descripción de la planta.**

- **Melocotón,** su jugo, de forma **moderada en menores de 6 años,** ayuda en los **problemas digestivos y estomacales,** ver **descripción de la planta.**

- **Membrillo,** su consumo se utiliza **para el estómago** en las infecciones gastrointestinales, ver **descripción de la planta.**

- **Menta,** la infusión ingerida o su **aceite esencial** aplicado en frente y sienes, puede reducir síntomas como **náuseas, vómitos.** La infusión **ingerida** en el **estómago** provoca una acción relajante y anestésica, actúa especialmente en el **tracto gastrointestinal** al favorecer el proceso digestivo **para la irritación de colon,** ver **descripción de la planta.**

- **Mostaza negra,** su consumo es un buen **digestivo estomacal y en la digestión,** espolvoreada en las comidas con asiduidad. Su consumo como **purgante intestinal:** 15 gr. de mostaza negra triturados y disueltos en un vaso de agua, **para vomitar,** ver **descripción de la planta.**

- **Naranjilla,** su consumo es muy bueno **para la salud digestiva estomacal,** al contener una alta cantidad de fibra dietética, que ayuda a empujar los alimentos a través del tracto digestivo y también **alivia la hinchazón,** ver **descripción de la planta.**

- **Ortiga,** se utiliza en **problemas estomacales** para combatir la **intoxicación** por ingesta de **moluscos o crustáceos.** Beber una infusión hecha con dos cucharadas de hojas secas por litro de agua, antes de las comidas o tres veces al día, ver **descripción de la planta.**

- **Pareira brava,** la infusión ingerida actúa en las malas **digestiones,** alivia **dolores de estómago, abdominales, infecciones** estomacales y como estimulante digestivo, ver **descripción de la planta.**

- **Psoralea,** la infusión se utiliza en los **malestares digestivos y dolores** estomacales, ver **descripción de la planta,** forma de uso **VII.**

- **Retama de los tintoreros,** la infusión ingerida de 15 gr. de flores, como **purgante,** es emético para vómitos, se hace más agradable su ingesta al contener azúcar, mucílagos y cierta cantidad de vitamina C. Aumentar la dosis en caso de **intoxicaciones estomacales,** ver **descripción de la planta.**

- **Salep,** recomendado su consumo para el **estómago** en casos de **gastroenteritis,** como **emoliente intestinal,** contra **las dispepsias** y todo tipo de **inflamaciones** a este nivel, ver **descripción de la planta.**

- **Salvia,** la infusión ingerida se puede utilizar **a partir de 6 años, pero nunca más de tres infusiones diarias,** para alivio del **estómago en gastroenteritis con vómitos.** También sirve de apoyo digestivo con las **Judías o Alubias,** ver **descripciones de las plantas.**

- **Salvia romana,** para tratar desórdenes de la **digestión,** relajando los músculos del tracto digestivo, **cólicos, dolores estomacales,** ver **descripción de la planta.**

- **Sandía,** se debe consumir sobre todo y con mayor frecuencia en verano, debido a la abundancia en agua siendo **refrescante y desintoxicante** del cuerpo, ver **descripción de la planta.**

- **Tamarindo,** la infusión ingerida resulta ser muy efectiva para combatir **problemas digestivos,** y la irritación de las **mucosas** digestivas, al ser **purgante.** Casos de **indigestión, disentería o empacho,** para **combatir los casos de vómitos,** ver **descripción de la planta,** forma de uso **VII.**

- **Té rooibos,** la infusión ingerida se utiliza por su utilidad en **aliviar los problemas de náuseas y vómitos,** ver **descripción de la planta.**

- **Trigo,** su consumo para el **estómago** por las vitaminas B **ayudan a metabolizar** los alimentos que se consume y convertirlos en energía, ver **descripción de la planta.**

- **Tronadora,** la infusión ingerida para los **dolores de estómago,** gastritis, empachos, ver **descripción de la planta.**

- **Vainilla,** la infusión ingerida alivia el **dolor de estómago,** gastritis y otros malestares, ver **descripción de la planta.**

- **Zanahoria,** para combatir el **dolor de estómago por intoxicación,** calmando las molestias gástricas, ver **descripción de la planta.**

- **Zarza,** el jugo de los frutos (moras), es una **bebida refrescante** y tonificante, ver **descripción de la planta.**

- **Finalmente,** se describen las plantas que solo es preciso la **infusión simple para ingerir o el consumo,** en este caso para favorecer los problemas digestivos y estomacales a tratar con: **Achicoria, Agar Agar, Agave tequilana, Agrimonia, Ajedrea, Avellana, Azafrán, Cacahuete, Cacao, Calaguala, Canónigo, Carqueja, Cedrón o Hierbaluisa, Cereza, Cerraja, Clementina, Gatera.**

El consumo es directo como fruto, en ensaladas o guisos. Si optamos por la **infusión** y la vamos a utilizar **frecuentemente** se recomienda **hervir la planta en un litro de agua, o en la cantidad de agua que creamos** según la utilización diaria a tomar, así evitaremos tiempo en su preparación y, en lugar de las bolsitas preparadas que venden se puede comprar a granel para economizar. También **se puede potenciar** con plantas diferentes para la misma dolencia, pero es conveniente **recordar siempre** la perfecta utilización de cada planta utilizada **según su descripción,** por si existiese alguna **interacción con fármacos o posibles contraindicaciones.**

Vegetaciones

Nunca sustituir la medicación por los remedios naturales. Estos remedios son de apoyo, **siempre hay que consultar con el Pediatra.**

- **Ajo,** consumir en prevención de **las vegetaciones,** ver **descripción planta.**

- **Árbol de Té,** para las vegetaciones, la inhalación de eucaliptus, flores de sauco, y esencia del árbol de Té, en 2 o 3 gotas, es muy efectiva, a las dos semanas se ven los resultados, ver **descripciones de las plantas.**

- **Eucaliptus,** ver en **Árbol de Té,** ver **descripciones de las plantas.**

- **Limón,** ver en **Miel,** ver **descripciones de las plantas y de la Miel.**

- **Miel,** actúa contra las vegetaciones al ser un agente antiinflamatorio y antibacteriano eficaz. Es recomendable añadir algunas gotas de jugo de limón a una cucharadita de miel **(a partir de 1 año)** y tomar de 2 a 3 veces al día. Diariamente ayuda a reducir los adenoides inflamadas y puede incluso tratar síntomas como dolor y ardor, ver **descripciones de las plantas y de la Miel.**

- **Sauco,** ver en **Árbol de Té,** ver **descripciones de las plantas.**

Edulcorantes

La **glucosa** es uno de los principales ingredientes que más **energía** aporta a nuestro organismo. Durante la **infancia** el consumo es muy importante al jugar un papel fundamental en el **desarrollo de los tejidos.** El cerebro absorbe el 20% de la glucosa que se ingiere, nutre el **sistema nervioso sirviendo** para un perfecto desarrollo **físico y mental.**

- **Su consumo** permite reponer los depósitos de **glucógeno** de **músculos e hígado.** Ayuda a **conciliar el sueño** gracias a su efecto relajante.

- **Su carencia** aumenta el apetito y **puede producir ansiedad,** siendo necesario una dosis diaria de glucosa, bien sea en repostería o fruta, pero con un **consumo moderado** para evitar otros problemas por el exceso de su ingesta. Existen edulcorantes o siropes de diferentes plantas medicinales, elegir los de mayor pureza y **para evitar problemas de caries** se aconseja **utilizar solo unas gotas**, al ser su concentración en azúcares muy elevada.

- **Se recomienda** edulcorantes de bajo poder glucémico, **de menos del 5%,** en **los menores,** también para **personas diabéticas, con dietas o problemas de colesterol,** preferiblemente **el azúcar de Abedul de 0,2%** o la **Stevia, sin nada de azúcar,** aunque de un ligero sabor a regaliz.

- **Los más pequeños** son muchas veces **reacios a beber infusiones, por su sabor,** pero se pueden enmascarar con Menta, una gota de Vainilla o cualquier edulcorante agradable a su paladar (ver posibles contraindicaciones o interacciones).

- **Abedul,** existe un azúcar hipoglucemiante, con 0,2 gr. de azúcar, muy interesante para los diabéticos o dietas, ver **descripción de la planta.**

- **Agave tequilana,** con sus hojas se puede elaborar un sirope que sirve como edulcorante. Existen diferentes preparados siendo extremadamente dulces empleando solo unas gotas, pudiéndose encontrar uno de bajo poder glucémico, ideal para menores, personas con dietas y los diabéticos, ver **descripción de la planta.**

- **Alerce,** en verano las hojas sudan un líquido empleado para endulzar, beneficioso en personas diabéticas, ver **descripción de la planta.**

- **Arce,** excelente edulcorante es el empleo de su miel (conocida también como miel de Maple), sirope extraído por la evaporación de la savia del árbol, contiene una gran cantidad de azúcares simples y tan solo un 0,7% de minerales. **Contraindicado para diabéticos y personas intolerantes a la glucosa,** ver **descripción de la planta.**

- **Arroz,** como edulcorante se utiliza la melaza, al tratarse de un producto fermentado, su digestibilidad es mayor, y contiene al igual que el azúcar de caña integral, cierta cantidad de vitaminas y minerales provenientes de dichos cereales. Además, si han sido elaboradas con temperaturas inferiores a los 70º, contienen propiedades enzimáticas por lo que es importante conseguirlas de buena calidad. Endulzan algo menos que el azúcar y son bastante suaves al paladar. Sin duda es un **buen sustituto del azúcar blanco** (completamente carente de nutrientes), sobre todo para la población infantil. Existe un **sirope de arroz** en el mercado, ver **descripción de la planta.**

- **Caña de azúcar,** el azúcar integral de caña es uno de los edulcorantes más ricos en vitaminas y minerales. **Considerar que incluso el exceso de este azúcar es perjudicial para la salud dental.** Varía las condiciones **cuando se utiliza en jugo,** es importante consumir el jugo lo más pronto al extraer, tiende a oxidarse en 15 minutos. El azúcar se obtiene evaporando el jugo de la caña por calentamiento o liofilización, **de todos los tipos de azúcar es el más saludable, pues contiene algunos minerales y vitaminas cuando se respeta el proceso artesanal de fabricación.** El verdadero azúcar de caña integral no es marrón, tiene un color ligeramente tostado y se apelmaza con facilidad con la humedad. **Mejor comprar en tiendas especializadas.** El que habitualmente se vende en hipermercados está lleno de aditivos, ni el color, textura, propiedades, al ser de procedimiento de obtención industrial. También existe **melaza de caña** en tiendas especializadas. **Contraindicada para diabéticos y personas intolerantes a la glucosa,** ver **descripción de planta,** forma de uso **X.**

- **Cebada,** la melaza se obtiene igual y con idéntico beneficio que la del arroz como edulcorante. Sin duda es un buen sustituto del azúcar blanco (completamente carente de nutrientes), sobre todo para la **población infantil**, ver **descripción de la planta.**

- **Cebolla,** se puede realizar una melaza de cebolla como edulcorante, se obtiene igual que la del arroz, por medio de la decocción. Buen sustituto del azúcar blanco (completamente carente de nutrientes), sobre todo importante para la **población infantil**, ver **descripción de la planta.**

- **Coco,** existe un azúcar de coco, ver **descripción de la planta.**

- **Fresa,** existe un sirope de fresa ideal para los más pequeños, y con más alimento que el azúcar refinado, sirve para variar el sabor de cualquier medicina o bebida que deba tomar, ver **descripción de la planta.**

- **Helecho polipodio,** el sabor de la raíz es dulce (al contener sacarosa), puede ser utilizada sin ningún inconveniente como edulcorante. **Existe en forma de polvo.** Deben **consultar al médico o especialista** los **diabéticos,** ver **descripción de la planta.**

- **Higo chumbo / Tuna,** existe un azúcar de tuna, y una melaza edulcorante ideal para las dietas al contener un 67% menos calorías que el azúcar. **Los diabéticos,** mejor consultar sobre los diferentes preparados, ver **descripción de la planta.**

- **Manzana,** existe un sirope de manzana ideal para los más pequeños, y con más alimento que el azúcar refinado, sirve para variar el sabor de cualquier medicina o bebida que deba tomar, ver **descripción de la planta.**

- **Miel,** la miel puede contener en su composición hasta 150 elementos diferentes, edulcorante muy natural y delicioso, pero se debe consumir con moderación, **solo mayores de 1 año**, ver **descripción de la Miel.**

- Stevia, utilizada como edulcorante es ideal contra las caries y para los diabéticos al no contener azúcar, siendo importante en cualquier dieta por su bajo contenido en calorías, ver **descripción de la planta.**

Formas de uso de plantas letra A

- Aciano, ver **descripción de la planta.**
- **VII - La infusión se realiza** hirviendo agua y agregar una cucharadita de postre, con pétalos y hojas. Reposar, colar y beber tibia de 2 o 3 tacitas al día, edulcorar al gusto. **En** uso tópico, **sin edulcorar.**

- Agrimonia, ver **descripción de la planta.**
- **VII - La infusión se realiza** hirviendo 100 gr. de hojas y flores secas en un litro de agua, reposar y beber.

- Alholva, ver **descripciones de las plantas.**
- **VII - Las decocciones o infusiones,** al poseer un olor poco agradable, **se utiliza en muy poca cantidad** o mezclado con otras hierbas aromáticas. **Más de 100 gr. al día puede causar diarrea y náuseas.**
- **VIII - Se puede consumir** directamente como complemento a ensalada y pescado, **de olor poco agradable** en la alimentación **se utiliza en muy poca cantidad** o mezclado con otras hierbas aromáticas, Cúrcuma, Curry o en pescados en papillote. **Más de 100 gr. al día puede causar diarreas y náuseas.**

- Amaranto, ver **descripción de la planta.**
- **VIII - Hay diversas formas** de prepararlo siendo muy fácil de añadir y consumir. Los granos tostados o en harina. Preparar una sabrosa ensalada con sus hojas, o utilizarlas como relleno para pastas, pasteles o todo tipo de platos.

- **Ambay,** ver **descripción de la planta.**
  - **VII - La infusión se realiza** vertiendo 20 gr. de hojas por litro de agua hirviendo, dejar hervir 10 minutos más. Reposar y colar, se puede beber hasta 3 tazas. **Se recomienda** edulcorar al ser muy amargo.

- **Almendro,** ver **descripción de la planta.**
  - **VI - Actúa** eficazmente **como laxante,** al suministrar **en ayunas a un niño** dos cucharadas de aceite de almendra.

- **Anacahuita,** ver **descripción de la planta.**
  - **VII - La infusión se realiza** hirviendo 20 gr. por litro de agua, tomar bien caliente 4 o 5 veces al día.

- **Ananá o Piña tropical,** ver **descripciones de las plantas.**
  - **IX - Pelar y hervir las cortezas o cáscaras** del ananá con una rama de Canela en 1 ½ de agua, hasta que quede 1 litro. Tomar frio en ayunas, **como laxante** es efectivo casi de inmediato en algunas personas, el resto tomar durante el día. Para comer el fruto pelado y no pique en la boca (suele ocurrir si no es muy madura), se recomienda dejar en remojo con sal entre 5 y 10 minutos.

- **Árbol de Tilo,** ver **descripción de la planta.**
  - **VII - La infusión se realiza** al hervir una taza de agua con un puñadito de flores del árbol o unas 6 hojitas en su defecto. Reposar 5 minutos, colar y beber. **En inhalaciones,** enjuagues o gargarismos, **sin edulcorar.**

- **Avellano,** ver **descripción de la planta.**
  - **VII - La infusión se prepara** hirviendo 25 gr. de hojas por litro de agua, dejar 10 minutos, **reposar y beber.**

- **Avena,** ver **descripciones de las plantas.**
  - **VII - Para utilizar en menores de 1 año, mejor la sémola,** a partir del año se puede añadir a sus papillas avena trituradas, **en crudo a veces la repudian,** en ese caso hervir la sémola que se vende, y ...**Continúa**

... mezclar con su papilla, incluso el líquido se puede mezclar con los zumos. Para adultos hervir sémola de avena y utilizar en yogures, comidas, ensaladas, el líquido se puede beber como agua de día con un poco de canela, también se puede endulzar al gusto.

Formas de uso de plantas letras B - C

- Bistorta, ver **descripción de la planta.**

- **VII - La infusión se realiza** vertiendo 35 gr. del rizoma (tubérculo desde donde sale las raíces o el tallo de las flores) por litro de agua hirviendo. Mantener 5 minutos, colar y utilizar. Para problemas bucales o de garganta, en enjuagues o gargarismos, **sin edulcorar.** Para prevenir malestares estomacales como diarrea, estomatitis y uretritis, tomar tres tazas al día, edulcorando al gusto.
- **IX - La licuación concentrada se realiza** vertiendo 75 gr. de rizoma en 1 litro de agua hirviendo. Calentar 15 minutos más a fuego lento en gargarismos en casos de faringitis y aftas bucales, **sin edulcorar.**

- Calalagua, ver **descripción de la planta.**

- **VII - Como agua de día** agregar una porción de raíz previamente lavada, picadas y trituradas en un litro de agua. Hervir hasta que el líquido se reduzca a la mitad, beber endulzando al gusto.

- Cálamo aromático, ver **descripción de la planta.**

- **VII - La infusión se prepara** con una cucharada pequeña de raíces en remojo durante la noche en ¼ litro de agua fría. Al día siguiente se calienta al baño María y se cuela para beber tibia, edulcorar al gusto.
- **IX - La licuación se realiza** limpiando las raíces frescas y licuar antes de que se sequen, beber lo que se desee, edulcorar al gusto.

- **Canchalagua,** ver **descripción de la planta,** forma de uso **VII.**

  - **Se utiliza macerando** un puñado de la planta en agua fría durante varias horas, en ayunas tomar 1 cucharada grande, aunque es efectivo en menos tiempo tomando de 3 a 5 en el día.

  - **Como agua de día:** agregar una porción de raíz previamente lavada, picada y triturada en un litro de agua. Hervir hasta que el líquido se reduzca a la mitad para beber.

  - **Preparación de infusiones:** utilizar 20 gr. del rizoma o raíz en medio litro de agua hirviendo, beber caliente.

- **Caña de Azúcar,** ver **descripción de la planta.**

  - **IX - El jugo o licuación se realiza** hirviendo 30 gr. de raíz de caña desmenuzada en ½ litro de agua durante 25 minutos, colar y utilizar.

- **Cariofilada,** ver **descripción de la planta.**

  - **IV - Se emplea** al hervir entre 60 - 90 gr. de raíz en un litro de agua, o algo menos si la raíz está seca, para utilizar en lavados, apósitos o emplastos, **sin edulcorar.**

  - **VII (1) - La infusión se realiza** hirviendo entre 60 - 90 gr. de raíz en un litro de agua, o algo menos si la raíz está seca. Beber de 3 a 4 tazas durante el día.

  - **VII (2) - Para la garganta la infusión se realiza** hirviendo entre 60 - 90 gr. de raíz en un litro de agua, o algo menos si la raíz está seca, beber de 3 a 4 tazas durante el día. También se emplea **en gargarismos, sin edulcorar.**

  - **VII (4) - Para los trastornos gastrointestinales,** se vierten 250 gr. de agua hirviendo en 2 cucharadas de raíz de la planta, reposar ¼ de hora. Colar y beber de 2 a 3 tazas diarias.

- **Carqueja,** ver **descripción de la planta y de la miel.**

  - **VII (1) - La infusión se realiza** hirviendo 1 litro de agua y agregar una cucharada de. Dejar hervir 15 minutos más. Reposar 5 minutos tapada. Colar y beber tibia dos tazas diarias (en ayunas y antes de dormir), endulzar preferiblemente con miel **(mayores de 1 año).**

– Castaña, ver **descripción de la planta.**

- **VIII** - Alimento muy alto en fibra, se recomienda como laxante suave. También, al ser de propiedad dual en casos de diarrea leve, esta fibra hará que vuelva a su estado natural. Es recomendado como tratamiento para los que tienen problemas intestinales, permitiendo que los movimientos intestinales sean mucho más regulares.

– Castaño, ver **descripción de la planta.**

- **VII (1) - La infusión para uso interno se realiza** con 60 gr. de hojas o corteza por litro de agua. Hervir 15 minutos. Colar y beber 3 - 4 tazas diarias.
- **VII (3) - La infusión para gargarismos y enjuagues se realiza** vertiendo un puñado de hojas tiernas o medio puñado de hojas secas por litro de agua. Hervir, colar y dejar reposar para utilizar 2 veces al día, **sin endulzar.**

– Cebada, ver **descripciones de las plantas.**

- **VII - La decocción se realiza** con cebada triturada (sémola preferiblemente). Hervir 40-50 gr. según densidad deseada, con sémola menos cantidad, durante 10 minutos en 1 ½ litro de agua con una rama de canela. Una vez empiece a hervir, poner a fuego lento hasta que quede 1 litro aprox. Colar y utilizar, **se puede beber como agua de día,** incluso para **los biberones de los bebés** mezclado en zumo o directamente. La cebada que quede en el colador se puede aprovechar con yogures, en ensaladas, papillas del bebé. **También la cebada** triturada cruda se puede añadir en cualquier guiso y cocinar a su vez **como aporte vitamínico.**

– Centeno, ver **descripción de la planta.**

- **VII - Se debe cocer** entre 50 y 60 gr. de grano por litro de agua, con sémola menos cantidad, hasta que se reduzca a la mitad. Beber en pequeños sorbos a lo largo del día.

Continúa en página siguiente

- **VIII - Para consumir,** lavar los granos 2 o 3 veces, cambiando de agua, y dejarlo en remojo de 8 a 12 h. Cocer en agua en proporción de 1 parte de Centeno por 4 de agua, a fuego medio durante 1 ½ hora. Se puede añadir a ensaladas, arroces, guisos, etc.

- Cerraja, ver **descripción de la planta.**

- **VIII - Las hojas tiernas** son apetitosas crudas, en ensalada o cocidas como las espinacas, pueden ser **utilizadas como ingrediente** para la preparación de menestras y sopas de verduras, siendo un excelente caldo. **Las raíces** en cocimiento también actúan **contra la fiebre.** Tanto **el caldo de las hojas** como el **cocimiento de las raíces** es factible de utilizar para **lavados o emplastos.**

- Chachacoma, ver **descripción de la planta y de la Miel.**

- **VII - La infusión se realiza** hirviendo 20 gr. en 1 litro de agua durante 10 minutos, colar y beber 3 tazas al día. **Se potencia** con miel **(en mayores de 1 año),** o edulcorar al gusto.

- Ciruelo / Pruno, ver **descripciones de las plantas y de la Miel.**

- **VIII - Para el estreñimiento habitual** mezclar bien 30 gr. de pulpa de ciruelas frescas, 10 gr. de bayas de Saúco, 5 gr. de Crémor tártaro y 5 gr. de hojas de Sen. Picar cuidadosamente y mezclar, unir a la mezcla tanta miel como se desee para obtener una pasta densa, conservar el preparado en un tarro de cristal. Tomar de 20 a 30 gr. diarios **para regularizar el intestino.**

- Cola de caballo, ver **descripción de la planta,** forma de uso **VII.**

- **La infusión ingerida** se prepara con 15 gr. de hojas secas, hervir en 1 litro de agua entre 2-5 minutos. Reposar, filtrar con un paño limpio y beber 4 tazas de 250 ml., **solo durante un día.**
- **La infusión para uso tópico** se realiza hirviendo 5 gr. de la planta en 1 litro de agua 2 minutos. Reposar, filtrar y almacenar en un recipiente. Utilizar en gargarismos, lavados o baños de asiento para reducir inflamaciones, **sin edulcorar.**

Formas de uso de plantas letras F - G - H

- Fresal, ver **descripción de la planta.**

- **VII - La infusión se prepara** con dos cucharaditas de postre de hojas para los enjuagues o cataplasmas, **sin edulcorar.** Si es **ingerida,** beber tres veces al día edulcorando al gusto. **Las raíces se preparan** con una cucharadita y se emplean del mismo modo.

- Garbanzo, ver **descripción de la planta.**

- **VIII - Legumbre de gran riqueza en fibra** que actúa favorablemente en mantener el **intestino** con buena actividad, favoreciendo el tránsito intestinal **como laxante.**

- Gatuña, ver **descripción de la planta.**

- **VII - La infusión para enjuagues o gargarismos** se prepara con 3 gr. de raíz, hervir durante 10 minutos con un vaso de agua y medio de vinagre, utilizar **sin edulcorar.**

- Geranio, ver **descripciones de las plantas.**

- **VII - La infusión se debe realizar** con 4 gr. de raíz en 100 ml de agua, se puede acompañar con infusiones de Manzanilla, Hierbabuena, Menta. Para afecciones bucales y garganta, se recomienda cada 4 horas, gargarismos **sin edulcorar.**

- Granada, ver **descripciones de las plantas y de la Miel.**

- **Consumir preferiblemente en ayunas,** para extraer las semillas bastará con cortarla por la mitad y golpear la parte de la cáscara con una cuchara. También se puede cortar en cuatro cuartos para ir despegando las semillas con más facilidad.
- **Se puede hacer zumo** con sus semillas o utilizar el comercializado, mejor endulzar con Stevia o Miel. El zumo deja una sensación un poco áspera en la lengua, por los taninos, de propiedad astringente. Se puede mezclar con el de Manzana, Naranja, Zanahoria, Jengibre. **Personas con estreñimiento no deben abusar del zumo de granada.**

- Hierba de san Pedro, ver **descripción de la planta.**

- **VII - La infusión se realiza** con 60 gr. por litro de agua. Hervir, filtrar, reposar unos minutos. Beber 2 tazas diarias o realizar gárgaras varias veces al día (no más de 4), **sin edulcorar.**

- Hinojo, ver **descripciones de las plantas.**

- **La infusión en gargarismos** de Hinojo, Menta, Salvia (**a partir de 6 años)** y Valeriana, contra el **bloqueo de la garganta** causante de la apnea del sueño, **insomnio** y ronquera, **sin edulcorar.**
- **Otra opción más sencilla** es hervir agua y en reposo añadir 2 cucharaditas de sus semillas machacadas un poco, reposar 10 minutos. Colar y beber ½ h. antes de cada comida.

- Hipérico, ver **descripción de la planta.**

- **VII (1) - La infusión se realiza** al hervir partes de la planta durante 3 minutos. Reposar 5 minutos, colar y beber de 2 a 3 tazas diarias. **En** gargarismos, **sin edulcorar.**

Formas de uso de plantas letras L - M

- Liquen de Islandia, ver **descripción de la planta.**

- **Infusión como tónico aperitivo,** se realiza con 15 gr. del tallo añadidos a 1 litro de agua hervida, reposar 10 minutos y beber.
- **Doble decocción,** se emplea para **eliminar las sustancias amargas,** hervir de 15 gr. del tallo en 1 litro de agua durante 1 minuto, lavar posteriormente a conciencia. Volver a cocer en 1 ½ litro, con otra agua durante ½ hora, reposar y beber.

- Llantén mayor, ver **descripción de la planta.**

- **VII - La infusión se realiza** hirviendo agua en una taza, verter una cucharada de hojas verdes o secas, tapar y reposar 10 minutos, colar y beber. **En enjuagues o gargarismos, sin edulcorar.   ...Continúa**

...

- **IX - La licuación se realiza** en una taza de agua fría 2 cucharadas de hojas picadas, licuar muy bien, colar y tomar en ayunas, **muy útil para las úlceras estomacales, la gastritis y el colon irritable.**

- Lúpulo, ver **descripción de la planta.**

- **La infusión de las flores** se realiza con 25 gr. de flores en un litro de agua. Hervir durante 10 minutos. Colar y beber hasta 3 veces al día.
- **La infusión del grano,** hervir 15 gr. en ½ litro de agua. Se debe beber una taza en ayunas.

- Madreselva, ver **descripciones de las plantas.**

- **La infusión (de la flor blanca)** se utiliza para infecciones de las vías respiratorias en los **resfriados,** es un excelente complemento mezclar con Jengibre (mucolítico y antiinflamatorio). También el jarabe alcanzado **la fase aguda** del proceso. Tiene excelentes propiedades antisépticas y balsámicas **para la tos** y para **la garganta** en sus diversas dolencias.
- **La infusión (de la flor blanca)** se utiliza con efectividad en la **disentería intestinal.**
- **La infusión de la corteza** para inflamaciones de **los ganglios.**

- Mastuerzo, ver **descripción de la planta.**

- **La infusión se realiza** con una cucharada pequeña por cada taza de agua hirviendo. Beber entre 2 y 3 tazas al día antes de la comida. **En uso tópico, sin edulcorar.**
- **La decocción se realiza** con 50 gr. por litro de agua hirviendo. Reposar 15 minutos, colar y beber una taza 2 veces al día. **En uso tópico, sin edulcorar.**

- Mirto, ver **descripción de la planta.**

- **VI - Emplear la esencia** de 1 a 2 gotas tres veces al día, antes de las principales comidas.

Continúa en página siguiente

...

- **VII - La infusión se prepara** con una cucharadita de hojas por taza de agua. También con 15 gr. de hojas por litro de agua.
- **IX - La licuación se prepara** hirviendo 20 gr. de hojas por litro de agua durante 5 minutos. Mediante lavados o apósitos, **sin edulcorar.**

- Morera negra, ver descripción de la planta.

- **VIII - Emplear sus frutos** y exprimirlos lo más posible recogiendo el zumo y añadir azúcar (el doble del peso del zumo) o **edulcorante** al gusto.
- **Calentar a fuego lento** hasta que alcancen la consistencia de un jarabe. Enfriar completamente y envasar en botellas, guardar bien cerradas en un lugar fresco y oscuro. **Para utilizar** se diluye dos cucharadas de postre en un vaso de agua templada, y **practicar gargarismos** cuando la garganta está roja o inflamada.

Formas de uso de plantas letras N - O

- Niaoulí, ver descripciones de las plantas.

- **VII - Para utilizar se debe** verter 2 gotas de aceite esencial de niaoulí en una infusión de Tomillo y beber. **Utilizado** en uso tópico, **sin edulcorar.**

- Nogal, ver descripción de la planta.

- **VII - La infusión se realiza** al hervir agua y agregar sus hojas, dejar hervir 1 minuto más. Reposar 5 minutos y beber de 2 a 3 tazas al día. **Utilizada** en enjuagues o gargarismos, **sin edulcorar.**

- Olmo, ver descripción de la planta.

- **VII - La infusión se prepara** con 2 cucharaditas de corteza por litro de agua. Hervir, colar y beber. **Utilizada** en uso tópico, **sin edulcorar.**

- **Orégano,** ver **descripción de la planta.**
  - **IV - Para uso tópico** hervir durante 10 minutos 50 gr. por litro de agua y utilizar en lociones, **gargarismos,** colutorios (enjuagues), **compresas** o apósitos, **sin endulzar.**
  - **VII - La infusión se realiza** con una cucharada de postre por taza. Hervir 10 minutos, colar y beber 3 veces al día, antes o después de las comidas.

- **Ortiga muerta,** ver **descripciones de las plantas y de la Miel.**
  - **VII - La infusión se realiza** con dos cucharaditas de hojas, flores o raíces, por separado o conjuntamente, en 250 ml. de agua. Hervir, reposar 5 minutos. Colar y beber. Tomar una taza de 2 a 3 veces al día.
  - **VII - En uso tópico sin edulcorar,** la infusión de las flores y puntas floridas mediante lavados es beneficiosa para curar hemorragias al ser un buen **coagulante** para **las heridas.** También el **utilizar los polvos** sobre las heridas (3 gr. al día de flores secas, con Miel).
  - **VIII - Para consumir** se puede emplear en sopa y caldos, preparadas como espinacas y otras verduras. Hervidas trituradas con ajo y aceite, bien machacadas, para un arroz color verde brillante (vegetariano). Junto a hierbas aromáticas en asados, estofados, platos de caza.

Formas de uso de plantas letra P

- **Palo colorado,** ver **descripción de la planta.**
  - **La decocción para** el intestino y **la disentería** es, utilizando la corteza y un puñado de hojas en 1 litro de agua durante 15 minutos y beber. **En uso tópico** de lavatorios, gargarismos o enjuagues, **sin edulcorar.**
  - **El cocimiento de raíces,** al ser astringentes, se usa **para el intestino.**

  - **Papaya,** ver **descripción de la planta.**
  - **VII - Contra los oxiuros** se puede realizar una infusión con sus semillas, **endulzar al gusto, son muy amargas.**

- Polen, ver **descripción de la planta.**

* **Se recomienda tomar** polen durante 20 días, descansar 10 días, y continuar para la recuperación de la salud y vigor.
* **VIII (2) - Niños entre 3 y 5 años,** un poco menos de una cucharada de postre colmada (12 gr.).
* **VIII (3) - Niños entre 6 y 12 años,** un poco más de una cucharadita de sopera rasa (16 gr.)

- Psoralea, ver **descripción de la planta.**

* **IV - Con las hojas secas en polvo** se espolvorea la herida, tapada con una gasa durante 24 h. evita que se infecte e impide la formación de pus y, acelerando la cicatrización y una cura más rápida.
* **VII - La infusión se prepara** con 30 gr. de hojas por ½ litro de agua, hervir 30 minutos. Reposar unos minutos y utilizar. **En lavados**, enjuagues o gargarismos, **sin edulcorar.**

- Pulmonaria, ver **descripción de la planta y de la miel.**

* **VII - Para la decocción** se recomienda 80 gr. por litro de agua. Hervir durante 10 minutos, colar y **beber muy caliente** 4 o 5 tazas al día. **Para potenciar sus efectos** endulzar con miel (**mayores de 1 año**).

– Pulmonaria arbórea, ver **descripción de la planta.**

* **VII - La infusión se realiza** llevando a hervor unos 30 gr. de la planta por litro de agua. Hervir 20 minutos, reposar y filtrar. **Beber como máximo 3 tazas al día,** bien caliente. **Se puede potenciar** con otras plantas similares.

Formas de uso de plantas letras Q - R - S

- Quassia, ver **descripción de la planta.**

* **IX - La licuación se realiza** utilizando entre 5 y 10 gr. de corteza y/o madera por litro de agua, **beber una taza antes de cada comida.**

- Roble albar, ver **descripción de las plantas.**

- **La infusión se realiza** hirviendo un vaso de agua. Verter 1 cucharadita de corteza, lavada, dejar hervir 15 minutos más. Reposar, colar y beber.
- **La infusión para los sabañones,** hervir 30 gr. de su corteza y 40 gr. de Cola de caballo en 1 litro de agua 10 minutos. Reposar y efectuar baños templados en las zonas afectadas, **sin edulcorar.**

- Salvia romana, ver **descripción de las plantas.**

- **VII (4) - Garganta irritada,** mezclar en 950 mililitros de agua caliente, 2 gotas de aceite de Geranio, 2 gotas de aceite de Salvia romana y 1 gota de aceite de Árbol de sándalo. Impregnar un paño con esta preparación y colocar a modo de compresa, en el cuello y garganta varias veces al día.
- **VII (7) - Para los problemas de los asmáticos** el aceite esencial inhalado contribuye a **calmar los espasmos,** y la tirantez de los músculos que rodean los **bronquios.**
- **VII (8) - La infusión de sus hojas en uso tópico,** alivia **afecciones** respiratorias del **resfriado, y problemas estomacales, sin edulcorar.**
- **VII (9) - En uso tópico** utilizar **1 gota** de aceite esencial es suficiente.

- Sanguinaria del Canadá, ver **descripción de la planta.**

- **La infusión se realiza** colocando en una taza con agua hirviendo unas hojas de la planta. Beber caliente.
- **Otra infusión se realiza** con 20 gr. de la planta en 1 litro de agua. Beber caliente tres veces al día.
- **En lavados, enjuagues o gargarismos,** hervir 1 litro de agua 10 minutos con 50 gr. de la planta, **sin edulcorar.**

- Serbal, ver **descripción de la planta.**

- **VII (1) - La cocción se realiza** vertiendo en un vaso de agua hervida 1 cuchara de los frutos secos, mantener 10 minutos a fuego lento, colar y beber 50 ml 3 veces al día. **Utilizado** en uso tópico, **sin edulcorar.**

Continúa en página siguiente

- **VII (2) - El jugo,** se realiza con las bayas frescas lavadas y en un vaso de agua hervida echar 1 cuchara de los frutos, mantener 10 minutos a fuego lento. Beber dos veces al día.

Forma de uso planta letra T

- Tamarindo, ver **descripción planta.**

- **La infusión se realiza** con 10 gramos de pulpa por ½ litro de agua. Hervir el agua, agregar la pulpa y dejar hirviendo 10 minutos. Apagar, reposar y beber tibio en ayunas.
- **La infusión para los bebés o niños pequeños** se emplea la pulpa y las hojas para problemas digestivos o **estreñimiento.** Rebajada. Como agua de día, **sin endulzar,** tiene efectos depurativos.
- **En caso de indigestión, disentería o empacho,** se puede beber agua de tamarindo disolviendo 40 gr. de pulpa en un litro de agua hirviendo. Hervir 5 minutos y agregar, a ser posible, algunas hojas. Apagar y dejar reposar hasta que enfríe. Beber durante el día. **También** es muy útil para **combatir los casos de vómitos.**

Descripciones de plantas letra A

- **Acacia**
- **Acanto**
- **Aceite de oliva**
- **Acelga**
- **Acerola**
- **Aciano**
- **Achicoria**
- **Achiote**
- **Agar Agar**
- **Agave tequilana**
- **Agrimonia**
- **Agua**
- **Ajedrea o Hisopillo**
- **Ajo**
- **Ajónjoli, ver Sésamo**
- **Ajuga iva**
- **Alerce**
- **Alholva**
- **Almendro**
- **Aloe vera**
- **Amaranto**
- **Ambay**

- Anacahuita
- Ananá o Piña tropical
- Angélica
- Antennaria o Pie de gato
- Aquilea o Milenrama
- Árbol de sándalo
- Árbol de Té
- Árbol de Tilo
- Arce
- Arroz
- Arsafétida
- Avellana
- Avellano
- Avena
- Azafrán
- Azufaifo o Jinjolero
- Azúkis

- Abedul, (Birch, in english)

"Betula pendula", de origen de Euroasiático, se puede encontrar en casi todo el norte de España, corteza de color blanco casi plateado, puede alcanzar 30 metros de altura. **Se utiliza casi en su totalidad:** hojas, flores, savia, yemas y la corteza de las ramas jóvenes. **Existe aceite esencial, no ingerir (tóxico y mortal). Solo para uso tópico y siempre diluido según indicaciones del especialista.** Se emplea para la infusión los brotes del árbol y la corteza. **Contraindicado durante el embarazo o lactancia, en personas con hidropesía de origen cardíaco o renal, alérgicas e hipertensas,** (solo bajo prescripción y control médico).

- Abrótano macho, (Southern wormwood or Male wormwood, in english)

"Artemisia abrotanum", planta originaria del sur de Europa, en especial de Italia y España. Suele cultivarse en huertos y jardines. Se utilizan las sumidades floridas y los tallos con hojas para los fines terapéuticos. En **uso tópico** puede provocar **dermatitis** por contacto. **El aceite esencial, en uso interno** está **contraindicado en embarazadas (abortivo), lactantes, menores de 6 años.**

- Acacia, (Gum arabic tree, in english)

"Acacia nilotica", especie de acacia nativa de África y del subcontinente indio. La forma más común de utilización es la infusión, ingerida o en uso tópico. **Los alérgicos deben consultar al médico.** Las partes que se utilizan son las flores y las hojas. **Contraindicado en embarazadas y lactantes.**

- Acanto, (Acanthus or Bear's breeches, in english)

"Acanthus mollis", es nativa de la región mediterránea, desde Portugal y noroeste de África hasta el este de Croacia. Escasa en el interior de la Península Ibérica, crece en ribazos, rocas y lugares frescos y húmedos, donde florece en abril-mayo. Planta perenne que alcanza 1 metro de altura, salen pequeñas flores de aroma desagradable. Se utilizan las hojas y la raíz en infusión. **Tiene bajo nivel de toxicidad, en algunas personas** genera **alergia e irritación** de contacto en la piel. **La infusión ingerida** puede producir **diarrea. Contraindicada la infusión ingerida en personas con enfermedades crónicas, embarazadas, lactantes y en los menores de 12 años.**

- Aceite de oliva, (Olive oil, in english)

"Olea europeae", los primeros indicios de la presencia del olivo en las costas mediterráneas españolas coinciden con el dominio romano, posteriormente los árabes impulsaron su cultivo en Andalucía. Su fruto tiene múltiples beneficios para el cuerpo humano. **El excesivo consumo en crudo puede tener efectos laxantes. Es una grasa monoinsaturada, pero no conviene abusar, porque, al fin y al cabo, es una grasa.**

- Aceite de ricino, (Castor oil, in english)

"Ricinus communis", originario del norte de África, planta parecida a la higuera, su aceite es bastante controvertido, algunos afirman que tiene un potencial tóxico importante. No obstante, es un aceite que posee numerosas propiedades y usos diferentes a los más convencionales, muy beneficioso en uso externo como pelo, pestañas, cejas o uñas y labios, verrugas. **Tiene muchas contraindicaciones ingerido. Utilizar solo de forma tópica.**

- Acelga, (Chard, in english)

"Beta vulgaris var. Cicla", originaria del Mediterráneo, hortaliza de hoja verde con propiedades nutricionales muy beneficiosas, su cultivo hoy en día se ha extendido por todo el mundo. Se consumen frescas en ensaladas, batidos verdes, rollitos, etc., se aprovechan al máximo sus propiedades nutricionales. **No consumir en exceso personas con:** cálculos renales. **Contraindicada en personas con problemas estomacales o diarreas.**

- Acerola, (West Indian cherry, in english)

"Malpighia emarginata", también llamado Azorolo, fruto de un árbol de Sudamérica, Centroamérica, y el Caribe, se cultiva de forma masiva en Vietnam y Brasil. Tiene tantas virtudes beneficiosas para la salud, que podríamos decir que es un nutricéutico. **Las embarazadas no** lo deben ingerir en exceso, ni a diario, **el bebé** puede hacerse dependiente y **desarrollar síntomas de deficiencia tras el nacimiento.**

- Achicoria, (Chicory, in english)

"Cichorium intybus", originaria de Europa de forma silvestre, con numerosas propiedades médicas. Conocida por ser un excelente sustituto del café. Se recomiendan dos tazas de infusión de achicoria al día o una sola taza antes de cenar. **Contraindicada en personas con presión arterial baja, o si padecen cálculos biliares.**

- Achiote, (Annato tree or Achiote tree, in english)

"Bixa Orellana", planta de las regiones intertropicales de América. Cultivado específicamente en el centro de México desde la época precolombina. También se utiliza como infusión. Su fruto se emplea como colorante y condimento en la comida popular. **Contraindicado en embarazadas y lactantes.**

- Aciano, (Cornflower, in english)

"Centaurea cyanus", originaria de la cuenca Mediterránea, entre las plantas medicinales más destacadas en el botiquín natural debe encontrarse sin duda el Aciano. ... **Continúa en página siguiente**

... En floración, se recogen las hojas y flores, que se desecan al aire libre, pero **solo los pétalos azules** periféricos. Las **personas con medicación de manera permanente, antes de utilizar, consultar con su médico o especialista.**

- **Agar Agar,** (Agar Agar, in english)
"Gelidium cartilagineum" o "Gelidium capense", es un polvo obtenido de las algas de los géneros Gelidium, Euchema y Gracilaria. Con él se elabora una gelatina vegetal que puede ser consumida directamente o bien emplearse como espesante alimentario. **Causa deshidratación si simultáneamente se bebe alcohol. Puede ser causa de:** flatulencias, meteorismo, interferir con la absorción de medicamentos nutricionales y vitamínicos. **Contraindicada en casos de hipertiroidismo.**

- **Agave tequilana,** (Blue agave or Tequila agave, in english)
"Agave tequilana", originario de Mesoamérica, también llamada Ágave azul, con ella se elabora el Tequila, pero principalmente es utilizado por sus propiedades medicinales para uso tópico como interno mediante infusiones de las hojas. Con esta planta se elabora un sirope que sirve como edulcorante. Si hay **reacciones alérgicas** como **dificultad al respirar, erupción, hinchazón de labios o lengua, buscar atención médica urgente. Puede producir:** diarreas y malestar estomacal. **Contraindicada durante el embarazo y la lactancia.**

- **Agrimonia,** (Agrimony, in english)
"Agrimonia eupatoria", planta originaria de Europa y Norte de África, puede alcanzar hasta 2 m. de altura. Se suele utilizar en infusión, **ocasionalmente puede** producir **estreñimiento. Podría** producir un **empeoramiento en casos de úlcera péptica o de gastritis. Contraindicada durante el embarazo o la lactancia.**

- **Agua,** (Water, in english)
El 70% del cuerpo humano es agua, es casi imposible que el agua no tenga algún beneficio como remedio natural, aparte de apagar la sed.

- Ajedrea o Hisopillo, (Summer savory, in english)

"Satureja hortensis", planta originaria de Eurasia, se utilizan los tallos, las hojas y las flores secas. Muy usada en la cocina búlgara y rumana especialmente para su plato típico, el "Sarmale". **La esencia** de esta planta puede resultar **muy reactiva** en algunas personas y **existe** un ligero **riesgo de provocar alergias. Especial cuidado en los niños. Contraindicada durante el embarazo y la lactancia.**

- Ajo, (Garlic, in english)

"Allium sativum", probablemente de origen asiático, se cultiva desde hace más de 7.000 años. Alimento de alto valor nutritivo. Reduce significativamente la toxicidad de plomo y los síntomas asociados. Consumido envasado a la salmuera no provoca halitosis y su ingesta no es molesta. **Puede causar:** acidez estomacal, flatulencias o gases, eructos, vómitos o diarrea. **Evitar con alimentos o suplementos anticoagulantes como:** el aceite de Onagra, Pomelo o Sauce. **Evitar también antes o después de una operación de cirugía,** al disminuir la cicatrización de las heridas. **El exceso de consumo puede dar problemas:** en los diabéticos, sangrado o anticoagulación excesiva. **Precaución puede interactuar con medicamentos:** como anticoagulantes, fármacos para el corazón, hipertensión, anticonceptivos, corticoides, para el colesterol. **Se recomienda no tomar más de 2 dientes** de ajo crudo en ayunas al día a personas con tensión alta o baja. **Contraindicado en embarazadas, lactantes, menores de 3 años, durante la menstruación, personas con hipertiroidismo.**

- Ajuga iva, (Ajuga iva, in english)

"Ajuga iva", es originaria del Sur de Europa en la zona mediterránea. También llamada Búgula almizclada o Iva, planta de raíz bastante desarrollada y qué en condiciones óptimas alcanza una altura de dos palmos. Crece en tierras pedregosas y de muy baja humedad. La época de floración comienza a principios de primavera, se extiende por todo el verano y presenta dos tipos de ... **Continúa en página siguiente**

... flores diferentes. Las del primer tipo tienen corola de color verde y flores muy fértiles (aunque están ocultas en el interior del cáliz). Las del segundo tipo, son de color púrpura y aroma más agradable. Se deben recoger las partes aéreas de la planta en su época de floración. La infusión ingerida se realiza hirviendo unos 15 gr. por cada litro de agua, durante 15 minutos, reposar y colar, tomar una taza en ayunas. **Para reforzar sus efectos** se puede tomar otra taza por la tarde. **Contraindicado en personas que padezcan gastritis o úlcera gastroduodenal.**

- Alerce, (Larch tree, in english)

"Fitzroya cupressoides", originario del cono sur de América, árbol milenario y de los más antiguos del planeta, de madera liviana, resistente a la pudrición, de color castaño o pardo rojizo. Sus hojas expelen un líquido empleado para endulzar. Para las dolencias se emplea la corteza interior del tronco. **Utilizar solo bajo prescripción médica.**

- Alfalfa, (Lucerne plant, in english)

"Medicago sativa", originaria de Persia, probablemente adoptada por el hombre en la Edad de Bronce como alimento para los caballos procedentes de Asia central. Según Plinio el Viejo, se introdujo en Grecia alrededor del 490 a.n.e. Hierba con grandes propiedades nutricionales y medicinales. Tiene más del doble de proteínas, cuatro veces más de calcio y dos veces más hierro que la mayoría de los vegetales. Cuatro veces más vitamina A, tres veces más de complejo vitamínico B y nueve veces más de vitamina E, y un alto porcentaje de vitamina K. **No consumir en exceso.** Como **efectos secundarios**, al ser rica en fibra y proteínas, **puede causar:** malestar estomacal, gases o flatulencias e incluso diarreas. **Contraindicado consumir cápsulas o suplementos de alfalfa, por las embarazadas (abortivos), ni lactantes. Contraindicado consumir de cualquier forma, los menores de 6 años y personas con hipoglucemia.**

- Algarroba, (Carob tree, in english))

"Ceratonia siliqua", de origen europeo, planta de gran rusticidad y resistencia a la sequía. Se consume el fruto/semilla de las vainas en polvo o harina para rebozar alimentos, queda muy oscuro. Contiene hidratos de carbono, vitaminas A, B, ácido fólico, C, E, minerales y fibra. Se utiliza para realizar de bizcochos, ideal para los diabéticos y menores al ser dulce, la masa queda un poco seca. **Puede** producir **estreñimiento.** Los **diabéticos** deben **consultar a su médico** para reajustar en caso necesario la dosis.

- Alholva, (Fenugreek, in english)

"Trigonella foenum-graecum", originaria del sudoeste asiático. **Sus beneficios abarcan toda la gama de patologías desde aplicaciones externas a internas,** se encuentra en pleno estudio por parte de la ciencia, ya que parece tener infinidad de aplicaciones sobre la salud. **Más de 100 gr. al día puede causar:** diarrea y náuseas. **Puede interactuar con:** medicamentos hipoglucémicos y causar una disminución en los niveles del azúcar en la sangre muy por debajo de los niveles seguros para los pacientes diabéticos. **Contraindicado en embarazadas (puede provocar una caída en sus niveles del azúcar en la sangre, temblores, sensación de hambre y sudoración excesiva).**

- Almendro, (Almond, in english)

"Prunus dulcis", originario de Europa del Este y sur de Asia, su fruto, la almendra, se utiliza en la cocina o como fruto seco, **en exceso puede ocasionar pequeños cuadros de diarreas.** Las almendras tienen por principio activo el ácido cianhídrico, **uno de los venenos más rápidos y enérgicos que se conocen,** se forma al contacto con el agua. De la almendra se extrae un aceite esencial. El fruto y el aceite se utilizan en tratamientos medicinales. **No se conocen** contraindicaciones, se **recomienda consultar** con el médico o especialista.

- Aloe vera, (Aloe vera, in english)

"Aloe arborescens", conocida como Sabila, es una de las aplicaciones más antiguamente registrada, se encuentra en una tablilla sumeria de arcilla, hay dibujos de la planta en las paredes de templos egipcios. Originario del norte de África, de hojas carnosas utilizadas para el tratamiento de muchos problemas de salud, se recomienda especialmente para problemas de la piel en cataplasmas o directamente su gel inerior. De las hojas se obtienen dos compuestos, gel y zumo. **Especial cuidado con su gel, si se ingiere.** Existen preparados de zumos. **Contraindicado los zumos en embarazadas (abortivo), lactantes, menores de 12 años, pacientes con intestino irritable, colitis, enfermedad de Crohn, hemorroides y diabéticos.**

- Amaranto, (Amaranth, in english)

"Amaranthus", también conocida como Ataco, planta americana de norte a sur. Posee una flor que nunca se marchita, se cultiva y utiliza desde hace aproximadamente 5.000 años. **No posee gluten,** por lo que es un alimento apto para celíacos. **Contraindicada por su alto contenido en ácido oxálico, en enfermos renales, con la gota o artritis reumatoide.**

- Ambay, (Cecropia, in english)

"Cecropia adenopus", árbol originario de América del sur en sus zonas selváticas. Se utilizan sus hojas y corteza en infusión, **en uso tópico, no endulzar.** Utilizado con fines curativos por los aborígenes desde México hasta la región nordeste de Argentina, continúa siendo un remedio de uso habitual en la medicina popular de centro y sur de América. **Contraindicado en embarazadas y lactantes.**

- Anacahuita, (Anacahuita or Wild olive, in english)

"Cordia boissieri", planta de origen chileno, no necesita riego y capaz de resistir heladas o sequías. Altamente recomendada para curar las afecciones respiratorias. **No se conocen** contraindicaciones, se **recomienda consultar** con el médico o especialista.

- Ananá o Piña tropical, (Pineapple, in english)

"Ananas comosus", en muchos lugares de Latinoamérica el ananá es conocido como piña, fruta tropical muy popular por quitar la sed y la resaca. Con sólo 55 calorías por cada 100 gramos y un alto porcentaje de carbohidratos mejora la energía en las personas que lo consumen. Su bajo contenido en grasa, proteínas y sodio, mejoran el metabolismo y la eliminación de excesos en el cuerpo. Minerales como el potasio, magnesio y cobre o vitaminas del complejo B se suman al apoyo para adelgazar. **No recomendable** en episodios de **diarreas**, o en personas con **tratamiento diurético. Los menores no lo deben consumir en exceso.**

- Angélica, (Garden angelica, in english)

"Angelica archangelica", originaria del norte de Europa y Siria. Sus hojas se utilizan para aromatizar compotas de fruta, confituras, caldos y licores. Las hojas y tallos frescos son usados en sopas y ensaladas. **Evitar exposición al sol en su tratamiento. Contraindicado su aceite esencial por vía interna durante el embarazo, la lactancia, menores de 6 años, pacientes con epilepsia, Parkinson u otras enfermedades neurológicas. No se recomienda en ninguna forma en embarazadas, lactantes y diabéticos.**

- Antennaria o Pie de gato, Mountain everlasting, in english)

"Antennaria dioica", extendida por toda Europa a excepción de Portugal, Islandia, Grecia y Turquía, se utiliza toda la planta de flores rosadas (femeninas). Sirve para desinfectar en uso tópico si se estuvo en contacto con personas enfermas o en áreas con bacterias, macerar 1 litro de alcohol de 60º, con 40 gr. de flores, durante 20 días. Colar y usar las veces que sea necesario, esparciendo en la zona para que absorba. **No se conocen** contraindicaciones, se **recomienda consultar** con el médico o especialista.

- Aquilea o Milenrama, (Yarrow, in english)

"Achillea millefolium", originaria de Europa y Oriente Próximo, crece en praderas, setos y en la hierba de los prados, es muy aromática, se utiliza sus hojas, flores, aceite esencial, existen en cápsulas. **En algunos casos el uso tópico** puede producir irritaciones ...**Continúa en página siguiente**

... en la piel. **Ingerida de forma prolongada** puede aumentar la fotosensibilidad. **Contraindicado durante el embarazo (abortivo) y la lactancia.**

- Árbol del sándalo, (Indian sandalwood, in english)

"Santalum álbum", originario de la India, considerado un "árbol sagrado" estando protegido. Se utiliza para realizar masajes en la piel con su aceite, al 1% máximo diluido en aceite de almendra dulce, **en personas no alérgicas es seguro.** Usar con **precaución pacientes con infecciones por hongos** en la piel, cuero cabelludo y uñas, también por **personas** en tratamiento **con ansiolíticos. Contraindicado en embarazadas o durante la lactancia.**

- Árbol de té, (Tea tree, in english)

"Melaleuca Alternifolia", nativo de Australia, beneficioso para trastornos del aparato respiratorio y potente contra las bacterias, posee propiedades antiinflamatorias. Existe aceite esencial para **usar sin diluir en uso tópico. No ingerir el aceite esencial,** lo habitual es en infusión para inhalaciones. **Contraindicado en embarazadas y lactantes.**

- Árbol de Tilo, (Linden tree, in english)

"Tilia platyphyllos", crece en Europa, Asia, América y excepcionalmente en regiones frías y húmedas del hemisferio norte, en Rusia forman grandes extensiones forestales. Es una de las plantas medicinales más importantes, se utiliza fundamentalmente la infusión de las flores, brácteas secas, corteza y albura (parte blanca de debajo de la corteza del árbol). **Es conveniente ver Tila,** con la que comparte remedios. **También se utiliza como antídoto,** en caso de ingerir sustancias tóxicas. **Consultar con el médico, embarazadas, lactantes, enfermos del corazón, con dolores estomacales desconocidos.**

- Arce, (Acer, in english)

"Hacer saccharum", árbol originario de Asia y abundante Norteamérica donde existen 160 especies, también se cultivan como árboles ornamentales, para la explotación de su ...**Continúa en página siguiente**

... madera en la construcción y para elaborar el jarabe de arce (también llamado de miel de Maple), el mayor lugar de producción de este jarabe es Quebec (Canadá). La hoja es el símbolo de Canadá, apareciendo en su bandera. **Contraindicado para diabéticos** (por su gran concentración de azúcares) **y personas intolerantes a la glucosa.**

- Arroz, (Rice, in english)

"Oryza sativa", es el cereal más consumido en el mundo, junto al maíz. Asia lo consume desde hace más de 5.000 años. Existen aproximadamente 170 especies de arroz cultivable. China es el país que más lo cultiva y consume. Normalmente el arroz que se consume es el llamado "pulido", al que se le ha extraído el almidón de sus capas externas (las más nutritivas), pero el más eficaz para las diarreas. Si se consume en grandes cantidades provoca el escorbuto. Debido a su deficiencia en lisina, se recomienda cocinar con verduras, hortalizas y legumbres frescas, o acompañado de abundante ensalada cruda. El mejor es el arroz integral, pero su aspecto repele a algunas personas. Su proteína sin gluten es **ideal para celíacos.** Existe un **sirope de arroz** como edulcorante. **Consultar con el médico o especialista las personas que sufran la enfermedad de Crohn, colitis ulcerosa.**

- Asafétida, (Asafoetida or Devil's dung, in english)

"Ferula assafoetida", también conocida como Hing, crece principalmente en Afganistán y el Norte de Irán, su resina se exporta a la India, allí llamada Hing. Se comercializa sobre todo en polvo de color amarillento que consiste en la mezcla de la resina molida con harina de arroz o trigo. **Muy difícil de encontrar, solo en tiendas indias.** Planta de olor nauseabundo en crudo, cocinada se suaviza y produce un sabor similar a la cebolla y el ajo, se utiliza como condimento en forma de especia. **No se conocen** contraindicaciones, se **recomienda consultar** con el médico o especialista.

- Avellana (Hazelnut, in english)

Fruto del árbol "Corylus avellana", fuente natural de proteína y una excelente fuente de energía fácilmente asimilable por nuestro organismo, ricas en grasas, alrededor de 70%, con ...**Continúa en página siguiente**

... proteínas e hidratos de carbono. **Muy apto para los celíacos** al no contener gluten. **Solo hay que tener en cuenta, alergia o intolerancia a frutos secos.**

- Avellano, (Hazel, in english)

"Corylus avellana", árbol originario del Mediterráneo. Se utiliza las infusiones de cortezas y hojas ingeridas o en uso tópico (lavados y en compresas). **Contraindicado en personas con gastritis y úlcera gastroduodenal (puede producir malestares y estreñimientos).**

- Avena, (Oats, in english)

"Avena sativa", originaria de Eurasia y África, considerada la "reina de los cereales" por su contenido en proteínas, vitaminas, hidratos de carbono, minerales, oligoelementos, proteínas de alto valor biológico, hierro, fósforo, nutrientes mucho más ricos que en otros cereales comunes. **Por su alto contenido en fibras puede producir flatulencias y trastornos intestinales.**

- Azafrán, (Saffron crocus, in english)

"Crocus sativus", de origen desconocido, aunque fonéticamente el nombre es muy parecido en distintas lenguas. Existen referencias de él que datan del año 2.300 a.n.e. Conocida especia para condimentar las comidas por su peculiar aroma y sabor. Sus propiedades medicinales no son tan conocidas, el consumir azafrán de manera habitual es beneficioso. **Más de 10 gr. puede ser mortal. No consumir terapéuticamente más de 6 semanas seguidas. Contraindicado durante la lactancia y en mujeres que sufran metrorragias, podría provocar hemorragias fuera del ciclo menstrual.**

- Azufaifo o Jinjolero, (Jujube, in english)

"Ziziphus jujuba", también conocido como Jújube, es originario de Asia Menor, árbol frutal que aguanta casi cualquier tipo de clima y suelo. Sus frutos maduros pueden comerse frescos o desecados para la preparación de mermeladas. En tiendas especializadas o Farmacias **...Continúa**

... se venden píldoras a base de azufaifos. **El exceso puede causar dolor de cabeza. Contraindicado en personas que sufren de hipotensión.**

- Azúkis, (Azuki red beans, in english)

"Vigna angularis, var. nipponensis", también conocida como Alubia azúkis, es originaria de China, paso a Japón donde se ha convertido en uno de sus principales cultivos. Se consume igual a cualquier legumbre, poniéndola en remojo 8 horas antes de cocer. **Sin gluten,** alimento ideal para cualquier dieta. Con una cantidad en grasas no muy alta, **es aconsejable consumir en cantidades moderadas las personas con dieta de adelgazamiento, ácido úrico elevado, hipertiroidismo, bocio y propensas a flatulencias.**

Descripciones de plantas letra B

- **Baobab**
- **Bellota**
- **Bergamota**
- **Bistorta**
- **Boldo**

- Baobab, (Baobab tree, in english)

"Adansonia digitata", árbol africano, que puede vivir hasta 3.000 años, los nativos le llaman el árbol de la vida. Muy apreciado en Europa y USA por las propiedades **medicinales del súper fruto** (marrón o verde), las hojas y corteza. Tiene **tres veces más vitamina C que la naranja,** doble de calcio que un vaso de leche y un sabor delicioso entre la piña y el melón, alimento excelente para mejorar la salud y bienestar ayudando a reducir respuestas glucémicas. **Muy difícil de conseguir fresco,** existen preparados en forma de grajeas y aceite esencial, siendo muy beneficioso para distintas dolencias. **No se conocen** contraindicaciones, se **recomienda consultar** con el médico o especialista.

- **Bellota,** (Acorn or Fruit of the oak tree, in english)

Fruto de la encina "Quercus rotundifolia", se consume cruda o tostada a la brasa. Dentro del género "Quercus", hay numerosas especies arbóreas que dan bellotas como el Roble, Alcornoque y el Quejigo (todas comestibles). **Consumir con moderación, por su elevado contenido en taninos (puede llegar a ser tóxico).**

- **Bergamota,** (Bergamot orange, in english))

"Citrus bergamia", originaria de Persia como resultado del injerto entre el Limero y el Naranjo amargo. La fruta y las infusiones se utilizan para remedios curativos. Las mejores propiedades medicinales o cosméticas se logran a través de su aceite esencial, como bálsamo, **tras su aplicación no exponerse al sol. No consumir el zumo o fruto en combinación con fármacos.**

- **Bistorta,** (Bistort or European bistort, in english) "Polygonum bistorta", originaria del hemisferio norte y zonas templadas. Es rica en nutrientes como la vitamina C y carbohidratos, utilizándose como tónico general. **Sus taninos pueden producir:** gastritis, ulcus gastroduodenal (irritan la mucosa gástrica). **No prescribir tinturas con contenido alcohólico a menores o personas en proceso de deshabituación etílica.**

Descripciones de platas letra C

- Cacahuete
- Cacao
- Calabacín
- Calabaza
- Calalagua
- Cálamo aromático
- Canchalagua
- Canela / Canelo
- Canela con miel
- Canónigo
- Caña de azúcar
- Caña de limón o Citronela
- Caqui
- Cardamomo
- Cariofilada

- Carqueja
- Cártamo
- Cáscara / Clara de huevo
- Castaña
- Castaño
- Castaño de Indias
- Cebada
- Cebollino
- Cedrón o Hierbaluisa
- Cereza /Cerezo
- Cerraja
- Chequén
- Chirimoya
- Cilantro
- Ciruelo / Pruno
- Clara de huevo, ver Cascara de huevo
- Clementina
- Cocotero / Coco
- Col de Bruselas
- Cola de caballo
- Crémor tártaro
- Cúrcuma
- Curry

- Cacahuete, (Peanut, in english)

"Arachis hypogaea", también conocido como Maní. Originario de la zona andina del Perú, hay constancias arqueológicas de su consumo de hace 8.000 años. A pesar de su mala fama es muy beneficioso para la salud y para múltiples dolencias, sea tostado, el aceite o en crema. **Contraindicado en pacientes renales o con problemas de vesícula (por su contenido en oxalatos).**

- Cacao, (Cacao or Cocoa, in english)

"Theobroma cacao", de origen mexicano, en el México prehispánico (cultura Maya) se utilizaba como moneda de cambio. **Poderoso alimento con propiedades y beneficios increíbles para nuestra salud física, emociones y salud mental.** Estimula, reconforta y reanima nuestro organismo. Uno de los alimentos más conocidos que existen, en especial porque se obtiene uno de los postres más consumidos por excelencia: el **chocolate. Contraindicado su consumo en personas con estreñimiento, hemorroides, hipertensos o en estados nerviosos (al contener trazas de cafeína).**

- **Calabacín,** (Zucchini, in english)

 "Cucurbita pepo", originario de Mesoamérica, se la conoce como "Zapallo de verano". Compuesto de un 95% de agua, no tiene ningún contenido calórico, siendo altamente benéfico para el organismo. Estudios realizados han demostrado que 100 gr. de calabacín sólo aportan 15 gr. de calorías, y contiene una muy buena cantidad de minerales. **Deben limitar su consumo, las personas que padezcan insuficiencia renal, tomando diuréticos, y los menores que tengan problemas estomacales, como diarreas.**

- **Calabaza,** (Pumpkin, in english)

"Cucurbita máxima", originaria de México y Texas, se lleva cultivando hace más de 4.000 años. A excepción de sus raíces, con fines terapéuticos **se utiliza en uso interno o tópico:** hojas, flor, fruto (calabaza) y sus semillas (pipas de calabaza). La semilla no irrita ni son tóxicas, se puede consumir sin ningún temor. La flor, grande y parecida a las campanillas, pero de color amarillo anaranjado, se pueden rebozar en harina. Consumiendo la flor cruda en ensaladas, sopas o al vapor, se aprovechan mejor sus propiedades. Existen preparados con semillas de calabaza. Su riqueza en vitamina E, las hace importantes para la pituitaria (glándula del desarrollo) y la reproducción. **Evitar el exceso semillas de calabaza, personas que sufran**: colitis ulcerosa, úlceras gástricas o hernias de hiato (ocasiona ardor, acidez), con gastritis (empeora los síntomas). **Contraindicado con medicación de anticoagulantes (produce efecto contrario).**

- **Calaguala,** (Narrow-leaf strap fern or Narrow strapfern, in english)

"Campyloneurum angustifolium", originaria de Perú, su nombre es quechua. Planta epifita, no crece en la tierra, se encuentra entre cortezas y ramas de otras plantas o en medio de las rocas. Especie de helecho, se utilizan tallos y raíces del helecho macho, en emplasto o cataplasma o en infusión. Existe en extracto. **Contraindicado en personas con gastritis, úlceras duodenales y diabetes.**

- Cálamo aromático, (Calamus or Sweet flag, in english)

"Acorus calamus", crece en el hemisferio norte a orillas de ríos y pantanos. El uso medicinal es muy diverso desde hace mucho tiempo, desprende un agradable olor, para los remedios medicinales se utiliza el rizoma y los tallos. **Se recomienda tratamiento discontinuo,** uno de sus componentes es **sospechoso de producir cáncer y tóxico sobre el sistema nervioso central. Contraindicado el aceite esencial por embarazadas, lactantes y menores de 2 años.**

- Canchalagua, (Erythraea chilensis, in english)

"Centaurium canchalahuen", canchalahuen quiere decir **"dolor de costado".** Planta andina de flores rosadas y muy amargas, de las más apreciadas en su medicina. **No utilizar en uso prolongado. No se conocen** contraindicaciones, se **recomienda consultar** con el médico o especialista.

- Canela / Canelo, (Cinnamon / Cinnamon tree, in english)

"Cinnamomum verum" o "Drimys winteri", originario de la Patagonia en Chile y Argentina. Árbol siempre verde, y sagrado para el pueblo Mapuche. Se extrae la canela de su corteza para espolvorear, la infusión se realiza al agregar agua caliente en una taza con corteza, reposar 5 minutos y beber caliente. Dar sabor no es la única función, tiene una gran cantidad de propiedades medicinales. **Contraindicado en embarazadas, lactantes.**

- Canela con miel, (Cinnamon with honey, in english)

Dos alimentos muy nutritivos, **(utilizar la miel a partir de 1 año).** Se prepara mezclando la miel y la canela hasta que quede bastante espesa. Guardar el preparado en un bote de cristal herméticamente cerrado. Mantener en un lugar fresco, se conserva bien por bastante tiempo sin necesidad de ningún conservante por las propiedades de ambos. Una cucharada sopera con agua tibia diaria de canela y miel tiene muchísimas propiedades para la salud y además con un delicioso sabor. Puede ser mezclada con otras bebidas.

- Canónigo, (Lamb´s lettuce, in english)

"Valerianella locusta", originario de Europa, Asia Menor y el Cáucaso, raramente fuera de Europa, crece en prados y praderas con humedad. En España crece a excepción del tercio sur, destaca su ácido alfalinolénico (ALA), muy escaso en el reino vegetal, y de ínfimas calorías, se puede comer en ensaladas (más habitual) o cocidos. Sabor muy suave, con cierto sabor a fruto seco. Su nombre viene por el consumo que hacían los clérigos para aquietar su ansiedad sexual, tiene propiedades parecidas a la Valeriana. **No se conocen** contraindicaciones, se **recomienda consultar** con el médico o especialista.

- Caña de azúcar, (Sugarcane or Sugar cane, in english)

"Saccharum officinarum", el azúcar integral de caña es uno de los edulcorantes más ricos en vitaminas y minerales. **Considerar que incluso el exceso de este azúcar es perjudicial para la salud dental.** Varía las condiciones **cuando se utiliza en jugo,** consumir el jugo lo más pronto al extraer, tiende a oxidarse en 15 minutos. El azúcar se obtiene evaporando el jugo de la caña por calentamiento o liofilización, **de todos los tipos de azúcar es el más saludable al contener algunos minerales y vitaminas cuando se respeta el proceso artesanal de elaboración.** El verdadero azúcar de caña integral no es marrón, tiene un color ligeramente tostado y se apelmaza con facilidad al contacto con la humedad, los otros tienen aditivos y no que es igual el color, ni la textura, ni sus propiedades, por el procedimiento de elaboración. Existe la melaza de caña. **Contraindicado para diabéticos y personas intolerantes a la glucosa.**

- Caña de limón o Citronela, (Lemon grass, in english)

"Cymbopogon citratus", originaria de la India, Ceylán, Malasia. **Mucho cuidado,** contiene **microcristales de sílice** que **puede causar úlceras gástricas.** Para consumir en infusión ingerida mejor las bolsitas elaboradas. **Contraindicada en embarazadas y personas con intolerancia a productos para la piel, o que presenten dermatitis e inflamaciones periódicas.**

- Caqui, (Kaki fruit, in english)

"Diospyros kaki", árbol originario de China, se adapta muy bien al cultivo en climas cálidos de cualquier continente. Su delicioso fruto tiene excelentes propiedades medicinales. **Contraindicado en pacientes con estreñimiento crónico o tras una cirugía digestiva, diabéticas u obesas, por su alto contenido en azúcares.**

- Cardamomo, (Cardamom, in english)

"Elettaria cardamomum", originaria de la zona suroccidental de la India. Una de las especias más apreciadas y caras del mundo. Planta muy aromática para espolvorear en comidas o bebidas calientes. Contiene aceites esenciales, almidón, fibra, beneficioso como alimento nutritivo, energizante y para mantener la regularidad intestinal. **Contraindicado su aceite esencial en uso tópico a menores de 6 años y personas con alergias respiratorias. Contraindicado ingerido por embarazadas, lactantes, menores de 6 años, personas con alergias respiratorias, gastritis, úlceras gastroduodenales, síndrome del intestino irritable, colitis ulcerosa, enfermedad de Crohn, hepatopatías, epilepsia, Parkinson u otras enfermedades neurológicas.**

- Cariofilada, (Herb Bennet, in english)

"Geum urbanum", conocida como Hierba de san Benito, crece en lugares umbríos como los bordes de los bosques de Europa y Asia. Se utiliza, los rizomas (antes de la floración) y hojas (en la floración). La hierba en flor se corta casi a ras de suelo y se cuelga para secar. **Esta planta no debe utilizarse con recipientes de hierro. Contraindicado en personas con gastritis o úlcera gastroduodenal.**

- Carqueja, (Baccharises, in english)

"Baccharis articulata", arbusto que crece en Brasil, Argentina, Uruguay, Paraguay, Chile y difundido en todo el mundo en climas más bien lluvioso, o en lugares frescos a orillas de caminos ...**Continúa en página siguiente**

... y sitios de suelo fértil con humedad; **muy útil para tratar la lepra.** Se aprovecha la parte aérea no leñosa. **Contraindicado en embarazadas, lactantes y diabéticos.**

- Cártamo, (Safflower, in english)

"Carthamus tinctorius", uno de los cultivos más viejos de la humanidad, posiblemente originario de la India. Los análisis químicos de tejidos del Egipto Antiguo, dinastía XII, identificaron los tintes de cártamo, también se hallaron guirnaldas confeccionadas con la planta en la tumba de Tutankamón. De uso tradicional en China, se conoce como "Hua Hong". Se utiliza la flor en infusión. Existen extractos en aceite. **Contraindicada en embarazadas (abortiva), hipotensos y personas con medicación anticoagulante.**

- Cáscara / Clara de huevo, (Shell / Egg white, in english)

Excepción del libro, añadido por ser habitual en todos los hogares y un buen recurso. Su alta concentración de calcio y la capa adyacente es ideal para remedios caseros, aquí trataremos algunos de los más usuales.

- Castaña, (Chestnut fruit, in english)

Se trata del fruto del castaño, cocida está deliciosa, se realiza el exquisito Marron glacé (forma originaria asturiana, pero comercializada con ese nombre por los franceses). La conocemos en los meses de frío, y la mejor forma de consumir son asadas abiertas. **Consumir con moderación las embarazadas. Contraindicada en los diabéticos**.

- Castaño, (Chestnut tree, in english)

"Castanea sativa", árbol originario de Europa meridional y Asia Menor. Se utiliza para los remedios medicinales la corteza, madera, hojas y brotes. **No se conocen** contraindicaciones, se **recomienda consultar** con el médico o especialista.

- Castaño de Indias, (Horse-chestnut or Conker tree, in english)

"Aesculus hippocastanum", originario de los Balcanes, fácil encontrar en parques y avenidas como árbol ornamental en las ciudades. Se pueden conseguir en forma de cápsulas, también en cremas e incluso pomadas. **Contraindicado en embarazadas, lactantes, en personas con problemas de coagulación, también en enfermos de hígado o diabéticos.**

- Cebada, (Barley, in english)

"Hordeum vulgare", originaria de Oriente Medio, alimento medicamento para consumir como sémola, o cocinado en cualquier guiso, ensalada, con leche o como agua de día. **Contraindicada en personas con hipersensibilidad a la harina de cebada, alérgicas a la cerveza, celíacas e hipertensos (con asiduidad).**

- Cebolla, (Onion, in english)

"Allium cepa", originaria de Asia central, a los **diabéticos** se les recomienda **revisen sus niveles de azúcar,** les puede afectar consumida en abundancia. **También puede reaccionar con medicamentos como:** Aspirina, anticoagulantes, antiplaquetarios, y con el Litio. **Consultar con el médico para el colectivo sensible a todos ellos.**

- Cebollino, (Chives, in english)

"Allium schoenoprasum", originario del extremo norte (parte de Canadá y Siberia). Se puede usar en sopas, ensaladas, salsas, tortillas, cremas y diversas comidas. Para la salud se debe consumir de forma diaria, **no en grandes cantidades**. Fácil de cultivar y en poco espacio, se puede tener en casa una maceta de cebollinos para consumo diario fresco. **No se conocen** contraindicaciones, se **recomienda consultar** con el médico o especialista.

- Cedrón o Hierbaluisa, (Lemon verbena, in english)

"Aloysia citriodora", originario de Sudamérica donde crece de forma silvestre fue introducida en Europa en el siglo XVII. Se utilizan sus hojas en infusión. **Contraindicado en embarazadas, lactantes y personas con tiroides.**

- Centeno, (Rye, in english)

"Secale cereale", es el cereal más antiguo que se conoce en alimentación y originario del Este de Europa. Supera en proteínas al arroz, trigo y avena, con más aminoácido limitante (Lisina), mejor en cantidad y calidad de proteínas. De una variante de esta especie salió el LSD en 1943. **Consumir con moderación:** personas hipertensas, y tendentes en retención de líquidos. **Contraindicado en celíacos.**

- Cereza, (Cherry, in english)

Fruto del árbol cerezo, también conocida como guinda, considerada la súper fruta, de múltiples propiedades y beneficios para la salud. Sin límite en tomar toda la fruta que se desee. **No se conocen** contraindicaciones, se **recomienda consultar** con el médico o especialista.

- Cerezo, (Cherrys tree, in english)

"Prunus cerasus", árbol originario de Europa y sudeste de Asia, son de propiedades medicinales los frutos, las hojas e incluso sus tallos. Se utiliza como tisana un puñado de tallos en 1 litro de agua, o el jugo fresco de sus frutos. **No se conocen** contraindicaciones, se **recomienda consultar** con el médico o especialista.

- Cerraja, (Sowthistle, in english)

"Sonchus oleraceus", originaria de Europa, Asia y norte de África, hierba invasiva de tallo empinado, hojas triangulares de bordes dentados. Flores de color amarillo limón (similar a la del Diente de león) con numerosas cabezuelas. Se utiliza la raíz y las hojas en decocciones o caldos. Las hojas como alimento son más sabrosas recogidas antes de florecer, **existen envasadas.** Las raíces, cuando tienen una cierta consistencia oportunamente torrefactadas y molidas, sirven para preparar una bebida sustitutiva del café. **No se conocen** contraindicaciones, se **recomienda consultar** con el médico o especialista.

- Chachacoma, (Chachacoma, in english)

"Senecio oreophyton", originaria de la cordillera argentino-chilena y empleada desde tiempos inmemorables por los aborígenes de la zona. Existen varios tipos, como hierba medicinal se han reconocido dos: **Chachacoma y Chachacoma blanca,** cuyas propiedades curativas y apariencias son idénticas, diferenciándose sólo por el color blanco que toman las hojas y ramas de una de ellas. La forma usual es la infusión, también existen jarabes, y tinturas. **No se conocen** contraindicaciones, se **recomienda consultar** con el médico o especialista.

- Chequén, (White Chilean myrtle or Luma chequen, in english)

"Luma chequen", también llamado Arrayán blanco, originario de Chile y Argentina, arbusto muy ramificado de corteza algo grisácea, hojas ovaladas, cortas y anchas, todo él desprende una suave fragancia, de solitarias flores blancas (endémicas) que brotan de forma axilar, y fruto comestible, se utilizan los tallos, brotes y hojas en infusión. **No se conocen** contraindicaciones, se **recomienda consultar** con el médico o especialista.

- Chirimoya, (Cherimoya, in english))

"Annona cherimola", originaria de la zona andina limítrofe entre Ecuador y Perú. España es el primer productor mundial de chirimoya con un 80% del total desde Granada. Se tiene constancia de su existencia en la costa granadina de hace más de 400 años. Fruta muy delicada que presenta una escasa resistencia al transporte. No necesita de ningún tratamiento, se come tal cual. **No se recomienda de postre tras una comida copiosa.** Al consumir por 1ª vez personas con problemas de estreñimiento puede aparecer alteración intestinal, pero realmente está ayudando a corregir su problema. Fruta de fácil digestión muy aconsejable en personas débiles, convalecientes, ancianos, en dispepsias y muy especialmente en niños y embarazadas. Algunos productos extraídos de las semillas de la chirimoya han sido aplicados con éxito en investigaciones para el tratamiento de piojos, disentería, dolores de ...**Continúa en página siguiente**

... cabeza, gota y cálculos. **Fuente de potasio, deben tener cuidado personas con insuficiencia renal. Consumir con moderación los diabéticos.**

- Cilantro, (Coriander, in english)

"Coriandrum sativum", llamado Coriandro, originario del sur de Europa y norte de África, planta parecida al perejil y con múltiples propiedades para la salud, se han hallado restos de esta hierba en las tumbas de los faraones egipcios. Buena fuente de vitamina K., se utiliza espolvoreando o bien picada en sopas y ensaladas, también se puede realizar infusiones. **Contraindicado durante el embarazo (al ser abortiva) y la lactancia.**

- Ciruelo / Pruno, (Prunus, in english)

"Prunus doméstica", originario del Cáucaso, Anatolia y Persia (Irán). El cultivado o el silvestre (Pruno), es un fantástico árbol del que se puede emplear todo, corteza, las hojas recolectadas en primavera, tiernas o frescas, y los frutos maduros, frescos o desecados en mermeladas. **Comer con moderación personas con cálculos renales, colon irritable o diabetes.**

- Clara de huevo, ver en Cáscara de huevo

(Egg withe to see in Eggshell, in english)

- Clementina, (Clementina, in english)

"Citrus clementina", originaria de Asia, aunque es casi igual y pertenece a la misma variedad de cítricos, es un híbrido entre Mandarina y Naranja amarga, no tiene semillas y es de sabor más dulce. Se puede realizar una infusión con su cáscara para enmascarar sabores de otras infusiones. **No se conocen** contraindicaciones, se **recomienda consultar** con el médico o especialista.

- Cocotero/Coco, (Coconut tree/Coconut, in english)

"Cocos nucifera", árbol de origen desconocido, asiático o caribeño, no tolera el frío. Su fruto, el coco, es la semilla más grande que existe de beneficios y propiedades saludables consumido de ...**Continúa**

... manera ocasional y de forma natural, sin envasar. El aceite de coco contiene altos niveles de ácido láurico, y se puede utilizar para cocinar. **Contraindicado en personas con alguna dolencia cardiovascular (contiene muchos ácidos grasos saturados), colesterol alto o con dieta de control de peso.**

- Col de Bruselas, (Brussels sprout, in english)

"Brassica oleracea var. Gemmifera", su origen es de los alrededores de Bruselas, se conoce desde el siglo XVI, hay referencias que se empezó comerciar plenamente en el XIX. Se puede utilizar tanto de manera interna como en uso tópico. Al hervirlas pierden gran parte de sus cualidades por ello se recomienda tomarlas al vapor o crudas. **Consumir con moderación personas con tendencia a malas digestiones o meteorismo.**

- Cola de caballo, (Horsetail or Branched horsetail, in english)

"Equisetum arvense", originaria del hemisferio norte europeo, uno de los remedios naturales que utilizaban culturas antiguas debido a sus propiedades medicinales, se utiliza la planta entera en infusión. **Consultar siempre con el médico** ante posibles interacciones si se está medicando. **Contraindicado en embarazadas, lactantes, personas con úlcera de estómago o intestino, acidez de forma habitual, gastroenteritis, diabéticos, con problemas de corazón, del aparato respiratorio, hipertensos o hipotensos, con carencia nutricional grave, deficiencia vitamínica severa, o algún mineral esencial (hierro, potasio). Si se está intentando dejar de fumar mediante parches, o consumidor de alcohol u otras drogas continuamente.**

- Crémor tártaro, (Cream of tartar, in english)

"Potassium bitartrate", es un subproducto ácido del vino, cuando el jugo de uva fermenta para convertirse en vino, el sedimento que queda en los barriles se purifica y convierte en polvo blanco. Se aconseja consumir 2.000 mg. por día en personas mayores de 18 años. **No consumir más de 1 cucharadita de postre las personas ...Continúa en página siguiente**

... con enfermedad renal, insuficiencia cardíaca congestiva, con medicamentos que disminuyan la capacidad de excretar potasio en los riñones.

- Cúrcuma, (Turmeric, in english)

"Curcuma longa", originaria del suroeste de la India, utilizada desde el siglo VII a.n.e. De color amarillo o mostaza y sabor específico que da otro gusto a las comidas. Se consume espolvoreando, en enjuagues, como colorante, o para beber (sabor desagradable, mejor enmascarar), para cauterizar pequeñas heridas. **Contraindicada en embarazadas, lactantes, pacientes con problemas en la vesícula biliar, con la enfermedad de reflujo gastroesofágico (ERGE), recién operados (retarda la coagulación y causar sangrados adicionales).**

- Curry, (Curry or Curry powder, in english)

"Murraya koenigii", el árbol es originario de la India, aquí se trata del **curry en polvo** como mezcla de hierbas, un condimento bastante popular en la India. Dependiendo del tipo de hierbas que se mezclen en la **preparación**, hay tres variaciones: **Curry Verde, Curry Rojo y Curry Amarillo**. Sus poderes terapéuticos, por las grandes cantidades de curcumina contenida nos permiten compararlo con la especia Cúrcuma. **Contraindicado en embarazadas, lactantes, en casos cálculos renales, gastritis y úlceras gástricas.**

Descripciones de plantas letra E

- Equinácea
- Espirulina
- Escarola
- Eucaliptus
- Espinaca

Continúa en página siguiente

- Equinácea,

(Echinacea, Narrow-leaved purple coneflower or Black samson echinacea, in english)
"Echinacea angustifolia", originaria de las praderas norteamericanas. Sin duda, es **la planta más conocida y estudiada** de las hierbas medicinales para estimular o potenciar el sistema inmunológico y aumentar las defensas del organismo al activar la producción de leucocitos (en pulmones, resfriado, reuma, tos). A diferencia de una vacuna que se activa sólo contra una enfermedad específica, la "echinacea" **lucha contra todo tipo de infecciones**, estimulando la actividad general de las células responsables. **Algunas personas experimentan reacciones alérgicas como**: **erupciones cutáneas, náuseas, problemas estomacales.** Existen cápsulas (incluso para niños mayores de 6 años), extracto seco y fluido, cremas y tintura para uso tópico en lociones y apósitos. **Para las infusiones** utilizar las hojas y el extracto seco de la raíz y, en función de lo concentrada que sea la dosis, se puede tomar hasta cinco tazas de té el primer día, reducir la cantidad de tazas según remiten los síntomas. **Mucha precaución los asmáticos. No prolongar su ingesta durante más de dos/tres semanas. Evitar cuando se esté tomando inmunosupresores.**

- Escarola, (Escarole, in english)

"Cichorium inthybus var. Foliossum", su origen es la achicoria silvestre. Conocida como achicoria amarga, ambas desarrolladas es la Endivia (escarola de hoja blanca). Las antiguas civilizaciones descubrieron que guardaba en sus rizadas y sabrosas hojas gran número de propiedades y alto contenido en vitamina C, para la formación de colágeno y glóbulos rojos, e incrementar la absorción de hierro y ácido fólico. La forma habitual de consumir es en ensaladas. **No se conocen** contraindicaciones, se **recomienda consultar** con el médico o especialista.

- Espinaca, (Spinach, in english)

"Spinacia oleracea", originaria de Persia (Irán) e introducida en España por los árabes en el siglo XI. Excelente recurso natural de vitaminas, fibras y minerales, en comparación con las carnes aporta pocas calorías y no contiene grasas al estar compuesta ...**Continúa en página siguiente**

... mayormente de agua. Sus tallos son más ricos en fibra que las hojas. La mejor forma hervir agua en un recipiente agregar la espinaca y cocinar 1 minuto sin tapar. **Por largo tiempo,** perderá gran parte de sus nutrientes. **Contraindicado en pacientes que han sufrido cólicos renales, gota, artritis reumatoidea, artrosis.**

- Espirulina, (Spirulina, in english)

"Arthrospira máxima" y "Arthrospira platensis", son dos componentes de esta especie de alga considerada como un superalimento contra la pérdida de peso. No son suplementos nocivos. **Puede producir efectos secundarios como:** sed, estreñimiento, algo de fiebre, ligeros mareos, dolor de estómago, de cabeza, picazón o erupción en la piel. **Utilizar bajo control médico durante el embarazo, lactancia y personas con hipertiroidismo o hipotiroidismo por su contenido en yodo.**

- Eucaliptus, (Eucalyptus, in english)

"Eucalyptus", también llamado Eucalipto, originario de Australia y Tasmania, llegó a Europa a finales del siglo XIX con la finalidad de sanear las regiones pantanosas. Se utiliza, sobre todo, las hojas de la especie "globulus" mediante vahos de la decocción o en infusiones. **Precaución con su aceite esencial** puede reducir el efecto de otros medicamentos. **Utilizar bajo supervisión médica de cualquier forma en: embarazadas y lactantes,** puede estimular las enzimas hepáticas del feto y del bebé. **Contraindicado en caso de inflamaciones gastrointestinales, vías biliares o insuficiencia hepática.**

Descripciones de plantas letra F - G

- **Fresal / Fresa**
- **Fresno**

- **Garbanzos**
- **Gayuba**
- **Gatera**
- **Geranio**
- **Gatuña**
- **Girasol**

- Gladiolos
- Gordolobo o Verbasco
- Granadilla
- Granado / Granada
- Graviola
- Guisante

- **Fresal / Fresa,** (Strawberry plant/Strawberries, in english)

"Fragaria", originaria de Eurasia, planta empleada como alimento y medicina desde muy antiguo. Los frutos son ricos en vitamina C, también poseen A y B, además de sales minerales y otras muchas sustancias. Las hojas para uso medicinal se recogen en verano cuando la planta está en flor. Las raíces se recolectan en primavera o en otoño. **Consumir con moderación personas en procesos diarreicos, alérgicas a la aspirina, con litiasis renal por oxalatos, con medicación anticoagulante o problemas para absorber el hierro.**

- **Fresno,** (Ash or European ash, in english)

"Fraxinus excelsior", originario de Europa, desde España a Rusia. Árbol muy popular y de los más usados en el arbolado público. La corteza, el fruto y las hojas contienen principios activos para fines medicinales. Los tratamientos son un poco más lentos ya que sus efectos son suaves y moderados, pero muy eficaces a medio plazo mediante infusión, decocción, cataplasma, polvo y tintura. **Existen preparaciones** realizadas con fresno. **Consumir bajo control médico pacientes con hipertensión o cardiopatías.**

- **Garbanzo,** (Chickpea, in english)

"Cicer arietinum", se cree su origen en la zona Mediterránea oriental, leguminosa rica en hidratos de carbono de absorción lenta, por lo que proporciona energía, pero con unos niveles de azúcar en sangre muy controlados. **Controlar su uso en**: dietas de adelgazamiento, con elevados niveles de ácido úrico, hipertiroidismo, bocio o nódulos tiroideos. **Personas que padezcan de flatulencias o no puedan consumir mucha fibra insoluble es mejor comer eliminando la piel una vez cocinados.**

- Gatera, (Catnip, in english)

"Nepeta cataria", originaria de Europa, los romanos ya la utilizaban con fines curativos, **también contra la viruela y la escarlatina.** Su nombre se debe por sus efectos en el comportamiento de los gatos, tanto en los domésticos como en los de mayor tamaño (incluso en los grandes felinos). Se consume principalmente en forma de té, elaborando la infusión con una cucharadita de la planta por cada taza de agua, hervir, dejar reposar 3 minutos, colar y beber. También se puede utilizar en zumo, tintura, emplasto, mascada e incluso fumada. **Contraindicada en embarazadas.**

- Gatuña, (Spiny restharrow, in english)

"Ononis spinosa", originaria de Europa, Asia occidental y norte de África, arbusto con raíces difícil de erradicar. Se emplea toda la planta, en especial la raíz, con beneficios depurativos. **Pacientes con insuficiencias cardiacas y renales graves, consultar con el médico antes de usar.**

- Gayuba, (Kinnikinnick, Bearberry or Grape of the bear, in english)

"Arctostaphylos uva-ursi", también llamada Uva de oso, crece en toda Europa, Asia y América del norte, planta rastrera que tapiza con sus diminutas hojas los claros de bosques de pinos y robles de los Pirineos, y las áreas montañosas del Sistema Ibérico y la cuenca del Ebro. De medio metro de alto hojas pequeñas, ovales, duras y lustrosas, las flores rosadas en forma de campanas. Las bayas son unas diminutas esferas de color rojo vivo. **Se emplean** las hojas de esta planta en infusión como propiedad terapéutica **para problemas urinarios y próstata** con una combinación de plantas. **Contraindicado en embarazadas y enfermos renales.**

- Geranio, (Geranium or Cranesbills, in english)

"Pelargonium × hortorum", es un híbrido con la Malva, en ciertos lugares le llaman Malvón, originario de la cuenca del Mediterráneo, crece en todas las zonas templadas del mundo existiendo más 400 especies. Hermosa planta con olor muy agradable que sirve también para alejar plagas de mosquitos en el jardín. Hay referencias del antiguo Egipto en su utilización como tratamiento holístico a través del tiempo para ...**Continúa**

... mejorar la salud física, mental y emocional. Se puede utilizar en forma de aceite las diferentes partes de la planta: hojas, tallos, raíces, flores. **No utilizar el aceite ingerido en menores de 6 años.**

- Girasol, (Sunflower, in english)

"Helianthus annuus", originario de los montes tibetanos, crece de forma silvestre y su cultivo se ha expandido a muchas regiones del mundo. Otros lo sitúan del centro y norte de América. Su cultivo se remonta al año 1000 a. n.e., pero existen datos que indican que el girasol fue domesticado en México al menos 2.600 años a. n. e. Las semillas poseen un alto contenido de calorías. **En grandes cantidades, no está recomendado su consumo en personas que presenten un marcado sobrepeso.**

- Gladiolo, (Gladiolus or Plural gladioli, in english)

"Gladiolus", originario de la cuenca Mediterránea, Asia y África tropical, con más de 200 especies. Bella planta, muy común en los entierros, se utiliza el rizoma. Lo habitual es la infusión que se realiza al hervir 350 gr. de agua con 5gr. de Gladiolo, 5gr. de Regaliz y 5gr. de Helenio. Dejar en reposo aproximadamente 20 minutos. Filtrar y edulcorar con miel **(mayores de 1 año)** o al gusto, ver edulcorantes. **No se conocen** contraindicaciones, se **recomienda consultar** con el médico o especialista.

- Gordolobo, (Mullein or Great mullein, in english)

"Verbascum thapsus", también llamado Verbasco, originario de Europa y norte de África. Planta muy característica, **de color verde apagado con rosetas de flores amarillas pequeñas** en una vara alargada de la planta, crece en cualquier lugar y sus **propiedades son muy reconocidas. Puede interferir en medicaciones** y **potenciar** la acción de **los anticoagulantes. Contraindicado el aceite esencial en personas con el tímpano roto. Contraindicado el aceite esencial y la infusión ingerida en embarazadas, lactantes y menores de 12 años.**

- Granadilla, (Grenadia or Sweet granadilla, in english)

"Passiflora ligularis", planta trepadora de los Andes, domesticada en la época preinca. Tipo de maracuyá cuya pulpa está llena de semillas duras color negruzco, rodeadas por un aro gelatinoso transparente de color gris claro y aromático sabor ácido, se recomienda **integrar al bebé** como uno de los primeros alimentos. **Como efectos secundarios podemos citar:** náuseas, vómitos, dolor abdominal y diarrea, por consumo excesivo. **Contraindicado a los alérgicos, en personas diabéticas** (por su alto contenido en azúcares), **en hepáticos o con régimen dietético** (por su aporte calórico).

- Granado / Granada, (Pomegranate, in english)

"Punica granatum", originaria de Persia (Irán), se cultiva desde hace más 5.000 años en Asia occidental. Su fruto entra en la simbología hebrea, cristiana y masónica. Fruta con un alto poder antioxidante, rica en vitaminas y múltiples beneficios medicinales. Se utilizan las semillas, flores, corteza, etc., y en muchos casos se recomienda su zumo para obtener sus propiedades más fácilmente. Sea cual sea la forma, se debe tomar al menos durante tres meses para valorar sus efectos. **Puede causar:** náuseas, vómitos, dolor abdominal y diarrea, por la ingesta excesiva de las semillas o el jugo, que rara vez persisten, desaparecen en un par de horas. **Evitar ingerir comidas aceitosas** junto con ella. **No consumir los alérgicos. Las personas con estreñimiento no deben abusar del zumo.**

- Graviola, (Soursop, in english)

"Annona muricata", también llamada Guanábana, orginaria de México, Caribe, Centro y Sudamérica. Se utiliza toda la planta, hojas, frutos (parecidos a la chirimoya), flores, tallos, raíces y corteza. **Consumir la fruta con moderación**, empezar con una dosis mínima e ir aumentando cada día o semana. La parte con más "poder" son las hojas en infusión. **En altas dosis puede alterar la flora intestinal (estreñimiento o diarreas). Contraindicado en embarazadas y personas con problemas cardíacos o sanguíneos.**

- Guisante, (Pea, in english)

"Pisum sativum", el origen del guisante verde está relacionado con Oriente Medio y Asia Central, donde se cultiva desde el siglo VIII a.n.e, avanzado el II a.n.e. se extendería por Europa. Es uno de los alimentos **recomendados para quien no puede consumir productos lácteos.** Se recomienda su consumo en todas las edades. **Para evitar problemas de gases,** consumir en forma de puré. **No se conocen** contraindicaciones, se **recomienda consultar** con el médico o especialista.

Descripciones de plantas letra H

- Hammamelis
- Helecho polipodio
- Helicriso o Sol de oro
- Hibisco rojo
- Hidrocotyle
- Hiedra común
- Hierbabuena
- Hierba de san Pedro
- Higo chumbo o Tuna
- Higuera / Higo
- Hinojo
- Hipérico
- Hisopillo, ver Ajedrea

- Hamamelis, (Hamamelis virginiana or Witch hazel, in english)

"Hamamelis virginiana", originaria de Norteamérica, muy utilizado en uso tópico como remedio tradicional y eficaz por los nativos norteamericanos. Se utiliza tanto para uso interno como externo. **Utilizar solo en uso tópico para menores de 12 años.** En uso interno **la infusión o gotas bebibles** (se encuentran en tiendas especializadas) se debe consumir con **precaución de forma interna, nunca** por **largos períodos** de tiempo. **Contraindicado en embarazadas, lactantes, menores de 6 años, anémicos, personas con úlcera o acidez estomacal, enfermedad de Crohn, colitis, estreñimiento, con enfermedades hepáticas o en tratamiento con anticoagulantes.**

- Helecho polipodio, (Polypodium fern or Polypody fern, in english)

"Polypodium vulgare", se desarrolla de forma natural en casi toda Europa. La zona de crecimiento más usual son los muros, bordes de rocas, troncos de árboles y sitios similares. Si se recolecta con fines medicinales, eliminar las partes verdes y secar a la luz del sol (almacenado en seco se puede conservar hasta 12 meses). El sabor de la raíz es dulce (contiene sacarosa), puede ser utilizada sin ningún inconveniente como edulcorante natural. El polvo es muy efectivo, se deben tomar unos 3 gr. al día (distribuidos en las distintas comidas). La decocción es la forma más generalizada de usar. Cualquier dosificación con contenido alcohólico **no utilizar en menores de 6 años**, ni personas con **problemas etílicos. No se conocen** contraindicaciones, se **recomienda consultar** con el médico o especialista.

- Helicriso o Sol de oro, (Helychrysum, in english)

"Helichrysum stoechas", también llamada Sol de oro, planta silvestre que crece en la cuenca Mediterránea de áreas rocosas y suelos secos. Con ramilletes tupido de flores pequeñas que se utilizan en forma interna o en uso tópico (lavados, compresas). Existen diferentes presentaciones para infusión, extractos, jarabe y pomadas. **Su aceite esencial es neurotóxico, sólo usar en uso tópico. Contraindicado en embarazadas y lactantes, personas tomando:** anticoagulantes o medicamentos de efecto contrario, en caso de estar tomando corticoides o **con obstrucciones de las vías biliares.**

- Hibisco rojo, (Roselle or Hibiscus, in english)

"Hibiscus sabdariffa", también llamado Flor de Jamaica, es originario de Egipto y África tropical, toda la planta es utilizable, existen más de 200 variedades. Para realizar la infusión la dosis recomendada varía de 1 a 5 cucharaditas de "flores" secas (los cálices que rodean las flores) en agua hirviendo. **Contraindicado en embarazadas, lactantes, personas en tratamientos de fertilidad, o contra el cáncer.**

- Hidrocotyle, (Indian pennywort, in english)

"Hydrocotyle", originaria de India y China, muy usada desde hace 3.000 años en Oriente, conocida con diferentes nombres como: Centella asiática, Hierba centella, Gotu Kola o Kola. Sus hojas secas o frescas y sus raíces son las que se usan con fines curativos. En general en 2 o 3 semanas de seguir el tratamiento se logran resultados muy buenos. **En dosis altas (por su aceite esencial) es:** estupefaciente y narcótica, presentando cefaleas, vértigo, hipertensión, insuficiencia respiratoria. **En uso tópico cuidado** las personas con hipersensibilidad cutánea. **Hay varias presentaciones y formas como:** infusiones, gotas, comprimidos, geles, lociones, jabones, cremas faciales y corporales, extracto en polvo. Incluso se puede consumir en platos de origen oriental. **Consultar con el médico o especialista, ante posibles interacciones con:** medicación de antidepresivos o benzodiacepinas. **Contraindicada en embarazadas (abortivo), en tratamiento de fertilidad, lactantes, menores de 6 años, diabéticos, hepáticos, personas con el colesterol alto o insuficiencia renal.**

- Hiedra común, (Ivy, in english)

"Hedera hélix", planta trepadora de hojas perennes ampliamente utilizada con fines medicinales, y uno de los escasos supervivientes en Europa de la flora laurisilva de la era terciaria. **Puede producir:** sensibilización rinitis alérgica, síntomas de alergias respiratorias o en la piel, también **sus frutos al ser tóxicos:** vómitos y diarrea. La forma más usual de utilizar es en decocciones. **Contraindicada durante el embarazo y lactancia. Existe una variedad tóxica (americana).**

- Hierbabuena, (Spearmint, in english)

"Mentha spicata", originaria del Medio Oriente y Asia. En **menores de 6 años y embarazadas** puede producir **anemia** al inhibir la absorción del hierro. **En exceso puede causar daño hepático.** La forma de ingerir habitual es la infusión. **Mucha precaución los:** diabéticos, personas tomando antiácidos, ciclosporina, con hernia de hiato, de ERGE o enfermedad por reflujo gastroesofágico, los medicados para el hígado o la hipertensión.

- Hierba de san Pedro, (Cowslip primrose, in english)

"Primula officinalis" o "Primula veris", originaria de Europa y Asia, es comestible y para condimentar. Recolectar después de su desarrollo completo. Posee un tallo con gran cantidad de vellosidades en toda su extensión de aroma bastante desagradable que se esparce de forma instantánea. La infusión es de sabor agradable. Muy buen bálsamo, puede ser administrado incluso en la infancia. **No contiene contraindicaciones** conocidas, se **recomienda consultar** con el médico o especialista.

- Higo chumbo, (Pryckli pear, Indian fig opuntia or Barbary fig, in english)

"Opuntia ficus-indica", también llamado Tuna, originario de México, fruto bastante desconocido en muchos países, difícil de recolectar y pelar. Se utiliza en la elaboración de diferentes productos de belleza como champú, cremas y geles por sus enormes cualidades medicinales. **Precaución personas con infecciones urinarias. Contraindicado en personas con una ingesta de líquidos reducida, de patologías cardiacas o renales graves.**

- Higuera / Higo, (Fig tree / Fig, in english)

"Ficus carica", originario de Asia sudoccidental, desde la antigüedad se le atribuyó a la higuera virtudes medicinales tanto en sus hojas como en su fruto. **El látex es tóxico para la piel.** Una de las formas más habituales es la infusión. **El higo no es apto para diabéticos, un consumo elevado puede provocar diarrea.**

- Hinojo, (Fennel, in english)

"Foeniculum vulgare", única especie de su género, originaria de la costa Mediterránea donde crece en estado silvestre. Se utiliza como infusión. **Contraindicado en pacientes con cáncer de mama o personas con hipertiroidismo. El aceite esencial es contraindicado en embarazadas, lactantes y menores de 6 años.**

- Hipérico, (Perforate St John's-wort, in english)

Hypericum perforatum", también llamado hierba de san Juan, muy común en Europa de donde es originario. Crece en toda la península, desde el nivel del mar a las montañas más altas hasta los 1.500 m., en los ribazos frescos, terrenos incultos y prados no excesivamente húmedos. Se utiliza la planta entera o flores, principalmente las sumidades florales de la parte alta del tallo. Se vende como hierba fresca o seca entera para infusiones y cocimientos, en polvo o en grajeas, polvo criogénico, tónicos, aceite, ungüentos y cremas dermatológicas, extractos, capsulas duras y blandas, ampollas. **Sus resultados están ampliamente contrastados** en depresiones suaves y moderadas, **sus efectos se observan a las dos o tres semanas de tratamiento.** Esta planta puede llegar a sustituir a los fármacos de origen químico con **mezclas** para **depresión con otras** patologías añadidas. **Como efectos secundarios, a algunas personas puede causar:** molestias gastrointestinales, sequedad de boca, nerviosismo y urticaria, por otra parte, las personas de piel u ojos claros han de evitar el sol mientras lo tomen. **Contraindicado el uso prolongado en embarazadas, lactantes y con medicamentos antidepresivos.**

Descripciones de plantas letras J - K

- Jazmín
- Jengibre
- Jinjolero, ver Azufaifo
- Judías o
- Alubias
- Jújube, ver Azufaifo

- Kale
- Kelp
- Kiwi
- Kudzu

- Jazmín, (Jasmine, in english)

"Jasminum", flor aromática codiciada por su exquisito perfume, el té de jazmín es el más consumido en China desde hace siglos. Existen 300 variedades, algunas con flor amarilla. **Continúa en página siguiente...**

... Se utilizan con fines terapéuticos las flores, principalmente en infusión con té verde, aunque puede hacerse con otros según el gusto. **Las embarazadas y lactantes pueden consumir dosis moderadas de jazmín sin efectos secundarios** o perjudiciales. **Consumido en exceso, puede presentar efectos secundarios como:** ansiedad, insomnio, mareos, palpitaciones.

- Jengibre, (Ginger, in english)

"Zingiber officinale", originario de Asia y este de USA, tubérculo de sabor picante cubierto de una piel marrón. Es una planta sensacional también como ingrediente muy utilizado en la gastronomía. Tradicionalmente, el jengibre ha sido y es una de las plantas más populares en la medicina tradicional china. Se puede utilizar espolvoreada, como ingrediente en los guisos o en infusión (enmascarar, puede ser de sabor desagradable). **Contraindicado en embarazadas, lactantes, diabéticos, personas con cálculos biliares, gastritis, úlceras gastroduodenales, colon irritable, colitis, enfermedad de Crohn, en tratamiento con fármacos para la circulación sanguínea, anticoagulantes, o contra la hipertensión.**

- Judías o Alubias, (Beans and Green beans, in english)

"Phaseolus vulgaris", originaria de centro y sur de América, alimento muy útil, a pesar de su escasez en calorías, rica en una sustancia correctora de las alteraciones metabólicas. La principal aplicación de la judía es la alimenticia y elemento fundamental en la base de la cocina popular de distintas regiones, **también** se puede utilizar **en uso tópico.** Cuando está en desarrollo (judía verde) aporta pocas calorías, sólo 50 por cada 100 gr. La seca puede incluso reemplazar en la alimentación a la carne pues en 100 gr. contiene de 330 a 350 calorías, además de una cantidad notable de proteínas vegetales. **Contraindicada las secas en personas con dieta de adelgazamiento, delicadas de estómago o de intestinos.**

- Kale, (Kale or Leaf cabbage, in english)

"Brassica oleracea var. Sabellica", también conocida como Col rizada**,** originaria de Europa del norte, requiere para su cultivo un clima frío. Es una verdura densa nutricionalmente, la porción de una taza tiene **más calcio que la leche y más hierro que la carne**, con gran cantidad de vitamina C, K y A. Se consume solas, en ensaladas, licuadas, en algunos guisos, al horno, con un toque de cayena o aceite de oliva, deshidratadas. Difícil de encontrar, en España, por su escaso consumo. **Consumir con moderación personas en medicación de anticoagulantes, o de colon irritable.**

- Kelp, (Kelp, in english)

"Laminariales", las algas marinas son un alimento natural muy completo que aporta muchos minerales y vitaminas, el alga Kelp es una de las mejores. Es alargada y color amarillo verdoso, se desarrollan en aguas poco profundas, cerca de la superficie del mar donde les llega la luz del sol. Cuando más clara sea el alga (color más amarillento o parduzco, significa que ha crecido en mayor profundidad). **No se** conocen **contraindicaciones**, se recomienda **consultar con el médico** o especialista.

- Kiwi, (Kiwi, in english)

"Actinidia deliciosa", originario de China, son muchas sus propiedades y beneficios debido a los nutrientes que aporta. **Por su contenido de potasio, lo deben tener en cuenta personas de insuficiencia renal y las que requieran dietas especiales controladas en este mineral.**

- Kudzu, (Kudzu or East Asian arrowroot, in english))

"Pueraria lobata", planta originaria de China, de sus raíces se obtiene un ingrediente sumamente popular en Japón, conocido por su delicada textura, **no contiene gluten,** ideal para celíacos, y muy fácil de digerir. En la cocina se utiliza como espesante, una cucharadita de kudzu equivalente a dos cucharadas de harina de trigo o a una cucharada de harina de maíz. También se puede beber. **No se** conocen **contraindicaciones**, se recomienda **consultar con el médico** o especialista.

Descripciones de plantas letra L

- Laurel
- Lavanda
- Lechuga
- Lechuga virosa
- Lentejas
- Lichi
- Lilo
- Limón
- Liquen de Islandia
- Lisimaquia
- Llantén mayor
- Lombarda
- Lulo, ver Naranjilla
- Lúpulo

- Laurel, (Bay laurel, in english)

"Laurus nobilis", árbol originario de Asia Menor y cuenca Mediterránea, se puede utilizar como pomadas elaborada a base del aceite de sus hojas tras machacar y hervir hasta consumir el agua. Aplicar mediante fricción para alivio, siempre diluido y en pequeñas cantidades. **En uso tópico puede causar:** irritación y manchas en la piel. También se pueden elaborar esencias, tónicos e infusiones. **Contraindicado en embarazadas y lactantes, tampoco utilizar su aceite ingerido al ser abortivo.**

- Lavanda, (Lavender, in english)

"Lavandula angustifolia", también llamada Espliego, originario del Mediterráneo, arbusto de vistosas flores violetas o azuladas en forma de espigas, de aroma característico y agradable. Se utilizan las flores como aceite esencial o en infusión. **En uso tópico se recomienda diluir el aceite,** calienta donde se aplica, a veces puede doler a los bebés y niños.

- **La infusión, no utilizar ante las siguientes patologías:** epilepsia, gastritis, enfermedad de Crohn, síndrome del intestino irritable, enfermedades del hígado, neurológicas, Parkinson, colitis.
- **Aceite esencial,** en problemas de respiración por un resfriado, se aplica en la piel cercana al cuello o pecho, relaja los músculos alrededor del área de aplicación permitiendo una respiración correctamente.

Continúa en página siguiente

- **Puede empeorar los síntomas de las enfermedades:** síndrome del intestino irritable, colitis, enfermedad de Crohn, diarreas, aparato digestivo, dolor de cabeza y musculares, hinchazón abdominal y sangre en las heces. **Contraindicado con dermatitis, en embarazadas, lactantes y menores de 6 años.**

- Lechuga, (Lettuce, in english)

"Lactuca sativa", originaria de Asia, compuesta por hojas verdes brillantes en forma redondeada. La lechuga **se tiene que consumir fresca** para que aporte todas las propiedades que tiene. Las hojas **verdes** son las que contienen **mayor propiedad alimenticia**, las hojas del interior con un color más claro aportan menos sustancias medicinales. **No consumir en grandes cantidades personas con problemas renales. Es sedante y puede afectar al rendimiento intelectual y físico, consumida en exceso.**

- Lechuga virosa, (Bitter lettuce, in english)

"Lactuca virosa L", también llamada Lechuga salvaje, originaria de Asia central, papiros egipcios datan su utilización para diversas dolencias hacia el 1.600 a.n.e. De flores amarillas y olor desagradable. **Se emplea en sustitución del opio, pero sin efectos secundarios nocivos.** En la actualidad se utiliza principalmente como calmante, en jarabe y asociado al Lúpulo. **No sobrepasar las dosis indicadas, usar solo bajo control facultativo.** Se puede recurrir a la lechuga común ya espigada. **El jugo o látex es tóxico.**

- Lentejas, (Lentil, in english)

"Lens culinaris", una de las hortalizas más antiguas de la historia, eran cultivadas durante el 7.000 a.n.e., en Asia. De tamaños, colores y sabores dependiendo de la variedad, entre ellas la roja (sin piel, cuecen en 3 minutos escasos), también conocida como lenteja de Egipto, muy extendida en Oriente Medio. Son ricas en proteínas vegetales, al no contener colesterol es una alternativa a los alimentos de origen animal. Se pueden comer como plato principal y en lugar de la carne o pescado. **No contienen gluten,** excelente para celíacos. **...Continúa en página siguiente**

... Utilizar **con moderación las personas que sufran de colitis,** en exceso puede aumentar la irritación de las membranas mucosas. **Contraindicadas en las personas con problemas de gota,** al contener purinas **puede aumentar el ácido úrico.**

- Lichi, (Lychee, in english)

"Litchi chinensis", originaria del sur de China, muy utilizada en su medicina tradicional. Su cultivo y consumo se ha extendido por todas las zonas subtropicales. De **piel rojiza y escamosa,** pulpa de color claro, sabor dulce y aroma a rosas. **Contraindicado radicalmente en enfermos de gota, diabéticos, personas con obesidad o deseen reducir peso.**

- Lilo, (Lilac, in english)

"Syringa vulgaris", arbusto originario de Europa y endémico en los Balcanes, de flor llamada lila que, junto a las hojas y corteza, poseen los principios activos utilizados como remedios en infusión. La corteza al 30% por litro de agua hirviendo. Reposar 5 minutos y beber de 2 a 3 tazas al día, **es una planta amarga.** Las flores son muy efectivas preparando un té con un puñado por litro de agua. Consumir mínimo 4 días para que resulte efectivo, lleva algo más de tiempo para comprobar los beneficios que los tratamientos convencionales. **No se conocen** contraindicaciones, se **recomienda consultar** con el médico o especialista.

- Limón, (Lemon, in english)

"Citrus × limón", originario del nordeste de Asia, introducido en Europa a través de España por los árabes, es un fruto con múltiples propiedades, sobre todo tomado en ayunas, es más digerible y menos perjudicial disuelto en agua. **En grandes cantidades podría ocasionar:** acidez, malestar estomacal, náuseas, dolor de cabeza, diarrea, afecta al esmalte dental exponiéndole a las caries (mejor beber con una pajita). **Contraindicado durante los 3 primeros meses de embarazo, durante la lactancia, personas enfermas de gastritis, úlceras pépticas, anemia, raquitismo, desmineralización, descalcificación ósea, gingivitis, llagas y grietas en la boca o lengua.**

- Liquen de Islandia, (Iceland moss, in english)

"Cetraria islándica", popularmente se conoce a este liquen con el nombre de musgo de Islandia. Botánicamente no se trata de un musgo y tampoco crece en exclusividad en esa isla del norte europeo, se puede encontrar en países con temperaturas frías, localizándose sobre la tierra junto con otros musgos, en zonas boscosas poco espesas de montañas y en determinados prados. **Contraindicado en personas con úlcera gastroduodenal.**

- Lisimaquia, (Loosestrife or Garden yellow loosestrife, in english)

"Lysimachia vulgaris", originaria del sur de Europa, conocida como planta del dinero. El zumo de las hojas por la virtud astringente que poseen cura el esputo de sangre. Se utilizan las hojas y flores secas, y de todas sus partes se extraen tintes. El uso más habitual es la infusión de dos cucharaditas de lisimaquia seca vertidas en 250 gr. de agua hirviendo. Reposar 5 minutos, colar y beber. **No se conocen** contraindicaciones, se **recomienda consultar** con el médico o especialista.

- Llantén mayor, (Broadleaf plantain, in english)

"Plantago major", también llamado Hierba estrella, originaria de Europa, norte y centro de América, planta de hojas grandes y verdes, se utiliza la hoja en infusión, o su jugo para tratar enfermedades. La semilla se puede espolvorear en comidas o ensaladas. La raíz es un poderoso remedio contra el veneno de la serpiente de cascabel. **Contraindicado en embarazadas (abortivo), personas alérgicas al melón o con hipertiroidismo.**

- Lombarda, (Red cabbage or Purple cabbage, in english)

"Brassica oleracea var. capitata f. rubra", originaria de la cuenca Mediterránea, cultivada por los egipcios desde el 2.500 a.n.e., es una variedad de col y generalmente invernal. Para obtener sus propiedades medicinales se puede ingerir en zumo, cruda o cocida, en esta última forma lo ideal es realizar su cocimiento de aproximadamente 40 minutos a fuego lento para que no pierda sus vitaminas y nutrientes. **Contraindicado en embarazadas, lactantes (puede desarrollar cólicos en los bebés), personas con hipotiroidismo o hipotensos.**

- Lúpulo, (Hops, in english))

"Humulus lupulus", originaria de Europa, Asia occidental y Norteamérica, es una planta que se reconoce fácilmente por la particularidad de ser trepadora y cuyos tallos se enrollan siempre hacia la derecha, crece cercana a los ríos o zonas con humedad. En algunas personas, **las flores pueden causar dermatitis por contacto.** Para los remedios medicinales se puede utilizar ingerida o en uso tópico la infusión de flores o granos, también en zumo. **En dosis excesivas puede provocar:** náuseas y vómitos. **Las embarazadas y lactantes, antes de consumir, consultar con el médico o especialista.**

Descripciones de plantas letra M

- **Madreselva**
- **Maizena**
- **Malva**
- **Malvavisco**
- **Mandarino/a**
- **Mango**
- **Manzana**
- **Manzanilla común**
- **Maracuyá**
- **Margarita**
- **Marrubio**
- **Martagón**
- **Mastuerzo**
- **Mejorana**
- **Meliloto**
- **Melisa**
- **Melocotón**
- **Melón**
- **Melón cantalupo**
- **Membrillo**
- **Menta**
- **Menta de lobo**
- **Miel**
- **Milenrama, ver**
- **Aquilea**
- **Mirra**
- **Mirto**
- **Mora blanca**
- **Mora negra**
- **Mora negra**
- **Morera negra /**
- **Mostaza blanca**
- **Mostaza negra**

Continúa en página siguiente

- Madreselva, (Honeysuckle, in english)

"Lonicera xylosteum" o "Lonicera caprifolium", en la Península Ibérica la Madreselva común crece en todas partes, originaria de Europa, hay tres especies comestibles, norte, sur y centro de Europa, también las de Altai y Kamchatka (ambas en Rusia). Existen 14 especies de Madreselva silvestre. Por su acción desintoxicante se utilizan los **brotes frescos para** tratar las **intoxicaciones por setas.** El uso habitual son las infusiones de la corteza, o de las flores blancas (crecen junto con las amarillas). Existen jarabes elaborados. **La principal diferencia comestible de las bayas es el color**, color casi **negro o azul, se puede comer,** pero las de tonos **anaranjados o rojos son venenosas.**

- Maizena, (Cornstarch, in english)

La Maizena o Maicena es la fécula o almidón del Maíz, llamada en España harina fina de Maíz, la definición correcta es harina de fécula de Maíz. **Es un apartado especial en este caso para destacar las propiedades en dolencias muy concretas.** La descripción y propiedades de este producto, es la de la planta Maíz.

- Malva, (Mallow or High mallow, in english)

"Malva sylvestris", de origen europeo, suele crecer en solares abandonados, bordes de caminos y alrededor de las casas de campo. De hojas parecidas al Geranio, que es un híbrido suyo. Sus frutos recuerdan a una pequeña calabaza de alrededor de 1 cm de diámetro, son comestibles cuando están verdes. **Como efectos secundarios puede producir a ciertas personas:** dolor de vientre, gases, colitis, estreñimiento, dolor de estómago. **Contraindicada en embarazadas y en la lactancia.**

- Malvavisco, (Marsh mallow, in english)

"Althaea officinalis", originaria de Eurasia, planta perenne que puede alcanzar hasta 1.5 metros, tallos erguidos, raíces cónicas de color amarillo, flores de color blanco con tinta rojiza. Se utilizan para los remedios las raíces y flores desecadas. Existen en pastillas, tinturas, extractos sin pelar o pelados, ungüentos e incluso jarabes ...**Continúa en página siguiente**

... para la tos. La dosis clásica diaria para la raíz o la hoja es de 6 gr. (consultar con especialistas). La infusión ingerida o en uso tópico se realiza hirviendo agua y añadir una cucharadita de hierba seca. Dejar hervir 3 minutos más, reposar otros 3 minutos, colar y beber. **Contraindicado en embarazadas y diabéticos.**

- Mandarino / Mandarina, (Tangerina or Mandarin orange, in english)

"Citrus reticulata", originario de Indochina y de China, se consume su fruto llamado mandarina. Los ingleses la denominaron Tangerina por provenir del puerto de Tánger, origen de su introducción en Europa. **Contraindicado en personas que sufran gastritis, colon irritable, acidez de estómago, hernia de hiato o dolencias renales.**

- Mango, (Mango, in english)

"Mangifera indica", originario de la India e Indochina, su fruto se ha convertido en uno de los ingredientes más populares por sus diversas propiedades beneficiosas para el cuerpo humano. **Contraindicado en personas que sufren de trastornos renales y en diabéticos (debido a su alto contenido de azúcar).**

- Manzana, (Apple, in english)

"Malus domestica", planta domesticada hace más de 15 mil años, de origen caucasiano a orillas del Mar Caspio, introducida en Europa por los romanos. Es una de las frutas más completas y nutritivas. Se están realizando estudios sobre las semillas como anticancerígenas, con resultado sorprendentes y beneficiosas contra todo tipo de cánceres. **Las contraindicaciones de las manzanas son principalmente por su mal consumo:** cuando están muy verdes, sin masticar bien, mal lavadas. **Las manzanas ácidas son perjudiciales para**: los que sufren de estreñimiento, estrechez uretral y afecciones graves del estómago por el exceso de ingestión (peor si no están lo suficientemente maduras). **Las manzanas agrias están contraindicadas para personas con úlcera de estómago.**

- Manzanilla, (Chamomile or Camomile, in english)

"Chamaemelum nobile", llamada Manzanilla romana, originaria de Europa, hierba aromática anual de la familia de las compuestas, puede alcanzar hasta los 60 cm. de altura. Crece en tierras cultivadas, en terrenos arenosos y baldíos. El uso habitual es la infusión ingerida o en uso tópico. También existe aceite esencial, que **no debe ser mezclado con alcohol. Contraindicado el aceite esencial en embarazadas (abortiva), en menores de 6 años.**

- Margarita, (Common daisy or Bruisewort, in english)

"Bellis perennis", originaria de la zona occidental, central y norte de Europa. Se utilizan sus flores y hojas para el tratamiento de una amplia variedad de trastornos. **Las infusiones ingeridas (consultar con el médico o especialista),** puede afectar y **ocasionar coágulos sanguíneos**. También puede **atrofiar el crecimiento (no comprobado científicamente).** Mejor utilizar en uso tópico, **sobre todo y siempre, en los menores de 12 años.**

- Marrubio, (Horehound or White horehound, in english)

"Marrubium vulgare", originaria de Eurasia y norte de África, planta con numerosas vellosidades que despiden un agradable aroma muy parecido a las manzanas. Crece de forma silvestre en lugares abandonados o a lo largo de los bordes en carreteras o caminos, al pie de muros, en terrenos baldíos, entre escombros, etc. Se utilizan las hojas y las ramas en infusión, se prepara al verter en 200 ml de agua hirviendo, una cucharadita de Marrubio y algo de Menta unos 3 minutos más. Reposar unos minutos, colar y beber enseguida, entre dos y tres tazas al día 10 minutos después de las comidas. Se venden en cápsulas y tintura. **Contraindicado en embarazadas.**

- Martagón, (Martagon lily or Turk's cap lily, in english)

"Lilium martagon", conocida como Lily martagón, de origen oriental que se extiende desde Portugal hasta Mongolia, suele crecer en zonas montañosas entre hayedos, robles y ...**Continúa en página siguiente**

... encinares. Desprende un **fuerte olor** que puede causar **mareos en algunas personas.** Se utiliza habitualmente la infusión de los tallos, bulbos, hojas y flores (existen de color rosáceo y blanco). Preparar con un bulbo de aprox. 15 gr. verter agua hirviendo y poner en infusión durante 15 minutos, colar y tomar tres veces al día. **No se conocen** contraindicaciones, se **recomienda consultar** con el médico o especialista.

- Mastuerzo, (Garden nasturtium, in english)

"Tropaeolum majus", originaria de Sudamérica, planta perenne, rastrera y trepadora muy llamativa por sus flores, se usa para ornamentar jardines al aire libre. En Europa se ha aclimatado en las zonas costeras como planta silvestre. Se utiliza toda la planta, es de tallos carnosos y ramificados, hojas verdes y flores de color amarillo o rojo. **Contraindicado en personas con hipotiroidismo.**

- Mejorana, (Marjoram, in english)

"Origanum majorana", originaria de la cuenca Mediterránea oriental, cultivo muy extendido en España, se utiliza para las hierbas provenzales. Planta de medio metro de altura. Flores de pequeño tamaño de color blanco o rosado y aroma parecido al orégano. **Fresca puede provocar irritación de los ojos y piel.** El uso habitual es en infusión, tres tazas al día. **Contraindicada en embarazadas, lactantes, menores de 6 años, personas con problemas de hematuria (sangre en la orina), úlceras gastroduodenales, hepáticos, gastritis, la enfermedad de Crohn, colon irritable, Parkinson, y enfermedades neurológicas.**

- Melisa, (Lemon balm or Melissa, in english)

"Melissa officinalis", también llamada Hierba limón o Toronjil, planta endémica de la costa mediterránea, aromática, con cierto olor a limón. **Contraindicado el aceite esencial por vía oral.** El uso más común es la infusión. **Dosis inadecuadas puede producir:** gastroenteritis, náuseas, vómitos y dolor abdominal. **No utilizar con:** antidepresivos de síntesis, antihistamínicos, narcóticos, u otros sedantes. **Contraindicada en personas con hipotiroidismo.**

- Meliloto, (Yellow sweet clover, in english)

"Melilotus officinalis", originaria de Europa, puede encontrarse fácilmente en las tierras de barbecho, encinares, viñedos, escombros, próximo a campos abandonados y también en ribazos de secano, en todas las regiones secas y cálidas, de sabor ligeramente amargo, despide un fuerte y agradable aroma a cumarina. El néctar de las florecillas es tan dulce como la miel (de ahí "meli", en griego significa miel), un reclamo para las abejas en verano. Para uso terapéutico se utilizan las flores, en infusión. **En dosis elevadas pueden provocar:** ligero efecto narcótico, acompañado de cefalea y náuseas. **Contraindicado en embarazadas, lactantes, personas con úlcera gastroduodenal o en tratamientos de anticoagulantes y hemostáticos.**

- Melocotón, (Peach, in english)

"Prunus pérsica", también llamado Durazno, en China se cultivaba 2.000 años antes de que fuera conocido por los antiguos griegos y romanos, fue introducido en Europa al principio de la era cristiana. **No recomendable consumir de forma frecuente los menores de 6 años,** puede producir diarreas y dolores de estómago. **Tampoco es recomendable en personas con padecimiento de tiroides.**

- Melón, (Muskmelon, in english)

"Cucumis melo", de origen incierto Asia Central o de África. Crece en climas cálidos y no muy húmedos con mucha luz. Existen muchas variedades: **Piel de sapo** (el más común, de corteza, verdosa y rugosa, pulpa color blanquecina), **Galia** (piel algo rugosa de un color amarillo-verdoso y con estrías, pulpa de color blanco-amarillento), **Amarillo, Cantaloup** (piel algo rugosa de un color verdoso, pulpa anaranjada), **Honeydew** (pulpa de color verde o anaranjada). **Tendral** (corteza verde oscura), **Rochet** (pulpa de color blanco-amarillento). **Contraindicado el exceso en embarazadas, lactantes, menores de 6 años, pacientes con diabetes, o personas con problemas vesiculares, anorexia, estrés, ansiedad.**

- Melón cantalupo, (Cantaloupe or Spanspek, in english)

"Cucumis melo cantalupensis", originario de Asia y África desde hace más de 4.000 años. Francia es el principal país productor de esta variedad y por ello que **se le conoce también como Melón francés**, de pulpa color anaranjado y muy perfumado. Hay países que reciben a los invitados espolvoreado con azúcar, jengibre y muy frío el melón. **No se conocen** contraindicaciones, se **recomienda consultar** con el médico o especialista.

- Membrillo, (Quince, in english)

"Cydonia oblonga", originario de Irán y Turquía, pero cultivado en amplias zonas del planeta. **La pulpa y las semillas** del fruto son las que poseen cualidades medicinales. Se puede consumir crudo, cocido, asado, dependiendo el gusto o las necesidades de uso. **No se conocen** contraindicaciones, se **recomienda consultar** con el médico o especialista.

- Menta, (Mint, in english)

"Mentha", planta milenaria que se encuentra en todos los continentes, es parecida a la hierbabuena y compuesta fundamentalmente por agua, fibra, proteínas, minerales, vitaminas y aminoácidos. A partir del aceite esencial de menta se extrae el Mentol o Pippermint, con él se elabora un tipo de alcohol descubierto hace miles de años en Japón. Normalmente se comercializa la **Menta piperita,** un híbrido estéril obtenido del cruce de la Menta acuática y la Hierbabuena, pero con las mismas propiedades que la Menta. **No abusar del consumo de Mentol, empeora los síntomas en personas con:** úlceras digestivas, hernia de hiato o acidez estomacal. **Contraindicado los aceites esenciales (Mentol) en embarazadas y lactantes, personas con patologías hepáticas, colitis ulcerosa o diarrea.**

- Menta de lobo

(Virginia water horehound, European bugleweed or Gypsywort, in english) "Lycopus virginicus" o "Lycopus europaeus", son dos variedades similares en propiedades, es originaria de América del Norte (Virginia) y Europa, se ha utilizado desde tiempos inmemoriales, la Menta de lobo es uno de los muchos nombres comunes de una especie con flores ...**Continúa**

... perennes que se utiliza comúnmente para fines medicinales. Cada primavera la planta florece con flores de color púrpura brillante. **No ingerir en medicación relacionados con las hormonas, quimioterapia, sedantes.**

- Miel, (Honey, in english)

Otra excepción de este libro se menciona al ser producido por las abejas a partir de las flores. Alimento aconsejado a la hora de reforzar nuestro sistema inmunológico, opción natural excelente por sus cualidades antibacterianas y antimicrobianas. **No adecuada para:** diabéticos, personas con una dieta para perder peso, o que lo desean controlar, (hay excepciones). **Contraindicado en menores de 1 año, puede contener esporas, causa de Botulismo y Alergias.**

- Mirra, (Myrrh or African myrrh, in english)

"Commiphora myrrha", originaria de Somalia y regiones africanas. Crece en el Medio Oriente. Para preparar la infusión utilizar de 1 a 2 cucharaditas de hierba bien pulverizada de Mirra y el equivalente a una taza de agua. Hervir el agua y en el momento de ebullición añadir la Mirra y dejar hervir 3 minutos más. Reposar otros 3 minutos, colar y beber. **El aceite esencial no se debe ingerir ni aplicar directamente en la piel**, diluir en arcilla, en aceite vegetal o champú. **Contraindicado en embarazadas y lactantes.**

- Mirto, (Myrtle, in english)

"Myrtus communis", también llamado Arrayán, arbusto originario de Oriente Medio, famosamente conocido por el Patio de los Arrayanes de la Alhambra de Granada en España. Se cultiva como planta ornamental en jardines y parques ubicados en zonas libres de heladas. En usos medicinales se utiliza la infusión, también **el aceite esencial** que se extrae de las hojas **puede ser de color:** de claro a amarillo, naranja o amarillo-verdoso. **En raras ocasiones pueden ocasionar:** cefaleas y náuseas. **Contraindicado en embarazadas, lactantes, menores de 6 años, en pacientes con gastritis, úlceras gastroduodenales, intestino irritable, enfermedad de Crohn, colitis ulcerosa, hepáticos, epilépticos, enfermos de Párkinson y cualquier enfermedad neurológica, o en proceso de deshabituación etílica.**

- Mora blanca, (Withe mulberry, in english)

Fruto del árbol "Morus alba", morera llamada igualmente que el árbol "Morus nigra", muy parecidos, pero este con frutos de color rojo en la madurez y más dulce. Básicamente la mora blanca tiene las mismas propiedades y uso que la negra, solo que con las moras blancas se hace un jarabe bueno para los catarros y las vías respiratorias. **No se conocen** contraindicaciones, se **recomienda consultar** con el médico o especialista.

- Morera negra / Mora negra, (Black mulberry / Blackberry, in english)

"Morus nigra", originaria de sudoeste de Asia, las propiedades de esta planta residen en las hojas, raíz y corteza. Sus frutos contienen gran cantidad de azúcar, sal, ácidos, pectina y goma. **No se conocen** contraindicaciones, se **recomienda consultar** con el médico o especialista.

- Mostaza blanca, (White mustard, in english)

"Sinapis alba" o "Brassica alba", originaria del Mediterráneo, las semillas y las hojas poseen las cualidades medicinales. Existen preparados para los distintos fines, incluso una **mostaza dulce elaborada** para consumo de los más pequeños. Se puede consumir la semilla directamente espolvoreando las comidas o en infusiones. **En uso tópico puede** generar inflamaciones en la piel. **Contraindicado en personas con inflamación y molestias intestinales, urinarias y de estómago.**

- Mostaza negra, (Black mustard, in english)

"Brassica nigra", la mostaza negra es similar a la berza. Peluda en la base y sin vello en el resto del tallo, derecho y de ramas extendidas. Originaria de la cuenca Mediterránea, crece cultivada o asilvestrada entre las mieses y yermos, de sabor más fuerte que la blanca. Existen preparados para los distintos fines, pero se puede consumir la semilla directamente o espolvoreando en las comidas y en infusiones. **En uso tópico puede** generar inflamaciones en la piel. **Contraindicado en personas con inflamación y molestias intestinales, urinarias y de estómago.**

Descripciones de plantas letras N - Ñ

- Nabo
- Naranjilla
- Naranjo dulce
- Nectarina
- Nevadilla
- Niaoulí o Niaulí

- Níspero
- Nogal / Nueces
- Nogal americano o Nogal negro

- Ñame silvestre

- Nabo, (Turnip, in english)

"Brassica rapa L subsp. rapa", originario del norte de Europa y Asia, hortaliza útil para el sistema digestivo por su ayuda a la hora de mejorar el tránsito intestinal en caso de estreñimiento ocasional, y se debe a su contenido en fibra y agua. **No consumir en grandes cantidades en la etapa aguda de la enfermedad del tracto gastrointestinal, úlceras gástricas y duodenales, así como personas hepáticas o con colecistitis.**

- Naranjilla, (Naranjilla, in english)

"Solanum quitoense", también llamada Lulo, planta y fruta típica de los Andes, crece de forma espontánea, el fruto es similar a un tomate amarillo redondeado, pero su pulpa es verdosa normalmente y de sabor ácido. Madura puede procesarse con su cáscara, aumentando el nivel de beneficios al aprovechar los minerales y fibra contenidos en su parte externa. Normalmente se consume fresco o en jugo, influyen positivamente en el organismo consumido recién realizado, **a las pocas horas puede fermentar** y ser menos saludable. **Mucha precaución y prudencia en personas que sufren de úlceras gastrointestinales.**

- Naranjo dulce, (Orange, in english)

"Citrus sinensis", se cree originaria de China y Japón, hoy en día se cultiva en países de clima templado. Existe una variedad muy curiosa, la naranja del tipo sanguina (su pulpa y zumo son de color rojizo como la sangre). **El consumo de la naranja dulce en zumo o directamente tiene muchísimas propiedades.** Sus hojas frescas, **hervidas ...Continúa en página siguiente**

... durante cinco minutos poseen unas efectivas sustancias que ayudan a mejorar nuestra salud. **Si el zumo produce gases,** tomar fuera de hora o diez minutos antes de las comidas. **Contraindicado en personas con estómagos muy delicados.**

- Nectarina, (Nectarine, in english)

"Prunus persica var. nucipersica" fruta del árbol originario de China, Afganistán e Irán. Es una variedad del melocotón, la diferencia está en la piel, en lugar de aterciopelada es lisa y brillante, y de sabor más ácido que él. **Contraindicado el jugo de nectarina para los diabéticos.**

- Nevadilla, (Paronychia plant or Silver nailroot, in english)

"Paronychia argentea", también conocida como Sanguinaria menor, originaria de la cuenca del Mediterráneo, crece en roquedales de zonas marítimas donde hay piedras, arena y abundante agua. Se utiliza en infusiones ingeridas o, en uso tópico (cataplasmas, emplastos). **No se conocen** contraindicaciones, se **recomienda consultar** con el médico o especialista.

- Niaoulí, (Niaouli or Broad-leaved paperbark, in english)

"Melaleuca quinquenervia", también llamado Nioulí, originario de Madagascar, de hojas aromáticas que proporcionan un aceite esencial de virtudes relajantes y curativas, de olor alcanforado dulce y fresco. Muy utilizado en los hospitales de Francia como antiséptico en obstetricia y ginecología. Se utiliza su aceite esencial en uso tópico y en uso interno al ser antiinfeccioso, tanto antibacteriano como antiviral. **Contraindicado en embarazadas y menores de 6 años, personas con cáncer de mama, de ovarios o útero.**

- Níspero, (Loquat, in english)

"Eriobotrya japónica", originario de China, se lleva cultivando desde hace más de 1.500 años. Es la primera fruta de la primavera y por sus propiedades terapéuticas se puede considerar ...**Continúa**

... medicamento. Se utiliza en infusión y existen extractos de las hojas. **Consumir con moderación las personas de colon irritable. No consumir las semillas, son muy tóxicas.**

- Nogal / Nueces, (Walnut tree / Nut, in english)

"Juglans regia", originario de Europa, del árbol **brotan flores tanto femeninas como masculinas.** Se utiliza el fruto o la infusión de las hojas. **La hoja, aplicada en la piel puede causar:** acné, eccema, úlceras y otras infecciones de la piel. También pueden conducir a la **sudoración excesiva de las manos y los pies.** Aplicado asiduamente **puede causar cáncer de los labios,** al contener una sustancia llamada "Jugione". **No consumir en exceso las nueces si se está siguiendo una dieta** al ser rica en grasas, siendo ideal para coger peso. **Consumidas en exceso puede causar:** erupciones cutáneas e hinchazón en todo el cuerpo, así como náuseas, dolor de estómago y diarreas, en personas sensibles. **Contraindicadas las esencias y suplementos del nogal por vía oral, en embarazadas, lactantes, personas con gastritis o úlceras duodenales o consumiendo cualquier medicación. Contraindicada la nuez, como un alérgeno, inseguro para las mujeres embarazadas, lactantes, asmáticos.**

- Nogal americano, (Eastern black walnut, in english)

"Juglans nigra", también llamado Nogal negro, utilizado en la medicina indígena durante siglos, introducido en Europa en 1629 para suavizar la piel. Su corteza posee poderosas propiedades astringentes. Se utilizan sus hojas en infusión. Existen cápsulas (**se aconseja seguir indicaciones,** recomiendan dos capsulas de 500 mg. tres veces al día, preferiblemente con las comidas). **Contraindicado en embarazadas, lactantes, enfermos de hígado, riñón, gastrointestinales, medicamentados para la presión arterial, o con tos acompañada de fiebre.**

- Ñame silvestre, (Yam, in english)

"Dioscorea alata" o "Dioscorea esculenta", originario de África y sur de Asia, es cultivada desde hace miles de años. **Considerada para tratamientos de ...Continúa en página siguiente**

... enfermedades femeninas casi total. Se utiliza la raíz y el bulbo, el uso más habitual es en cápsulas **(seguir indicaciones del especialista),** existe en extractos o cremas. **Contraindicada durante el embarazo o sospecha, en lactancia, menores de 6 años. Mujeres con cáncer de mama, endometrio útero, o miomatosis uterina.**

Descripciones de plantas letra O

- Olivo, ver también Aceite de oliva
- Olmo
- Onagra
- Orégano
- Oreja de Judas
- Oreja de oso
- Ortiga
- Ortiga muerta
- Oruga marítima

- Olivo, ver también **Aceite de oliva,** (Olive, see Olive oil, in english)
"Olea europaea", originario de la cuenca Mediterránea, desde la antigüedad se aprovecha su madera y frutos (aceituna). Las infusiones de corteza y hojas se utilizan por sus propiedades curativas. **En uso tópico solo la corteza.** Las hojas en inyectables o por vía intravenosa reduce la presión arterial y dilata las arterias coronarias que rodean al corazón. **Efectos secundarios posibles:** irritante para el epitelio gástrico. **Personas con problemas gástricos** ingerir solo en las comidas. **Contraindicado en embarazadas (efectos desconocidos).**

- Olmo, (Elms, in english)
"Ulmus minor" o "Ulmus carpinfolia", se le conoce popularmente como negrillo, originario del hemisferio norte de Eurasia y América. **Puede ocasionar:** hipersensibilidad y alergia de contacto. **No se conocen** contraindicaciones, se **recomienda consultar** con el médico o especialista.

- Onagra, (Evening primrose or Sundrops, in english)
"Oenothera", originaria de Norteamérica, los indios nativos la usaron con fines nutricionales y medicinales. En el siglo XVIII los europeos la consideraban como una hierba milagrosa. **Continúa...**

... Produce hojas distintas durante el primer y segundo año y fruto en forma de cápsula. El aceite se obtiene tras la presión en frío del fruto. Se consume **3 píldoras** a lo largo del día **(seguir indicaciones del especialista),** también en uso tópico. Las flores de la onagra se pueden emplear para aromatizar ciertas ensaladas. **Los efectos secundarios podrían ser:** dolor de cabeza, náuseas y diarreas. **No usar por epilépticos.**

- Orégano, (Oregano, in english)

"Origanum vulgare", originario de Asia Menor. Un proverbio árabe dice que el orégano vale para todo, menos para una cosa, curar la muerte. Es muy aromático, a dosis recomendadas es una planta segura. **Para fines terapéuticos se utilizan**: las hojas en uso tópico o en infusiones. También como condimento en ensaladas, sopas, pescados. **El aceite esencial** para utilizar en uso tópico **(ingerido solo bajo prescripción facultativa),** se comercializa tinturas, extractos fluidos o secos, supositorios, pomadas, linimentos y cápsulas. **La sobredosis puede provocar alteraciones nerviosas como:** agitación, hiperestesia, depresión, entorpecimiento y somnolencia, o excitación cardíaca por los efectos estimulantes de su aceite. **Contraindicado ingerir el aceite por embarazadas, lactantes, menores de 12 años, anémicos, pacientes con gastritis, úlceras gastroduodenales, síndrome del intestino irritable, colitis ulcerosa, enfermedad de Crohn, hepatopatías, epilepsia, Parkinson u otras enfermedades neurológicas.**

- Oreja de Judas, (Jew's ear, in english)

"Auricularia auricula-judae", hongo que crece sobre ramas muertas de alcornoques, saúcos y otros árboles de hoja plana, posee la forma de una oreja humana, es blando y flexible, seco es duro y quebradizo. De diferentes colores, dependiendo del lugar de crecimiento. Se recolecta el hongo entero en los meses de otoño hasta la primavera. Se consume crudo en ensaladas o cocido en sopas, aporta más vitaminas y minerales que cualquier otro hongo. **No se conocen** contraindicaciones, se **recomienda consultar** con el médico o especialista.

- Oreja de oso, (English primrose or Common primrose, in english)

"Primula vulgaris", originaria de Europa, aunque también se encuentran en el Extremo Oriente y Siberia. Recolectándose a menudo en Bielorrusia, regiones de San Petersburgo (Leningrado) y Kaliningrado. Se utiliza la infusión de sus flores y hojas en dosis moderadas. **El exceso provoca:** vómitos, diarreas, náuseas y otros efectos secundarios. **Contraindicado en personas con enfermedades renales agudas.**

- Ortiga, (Nettle, in english)

"Urtica dioica", también conocida como Ortiga mayor, originaria de Europa, Asia y la cuenca Mediterránea, donde crecen de forma silvestre. Tiene hojas alargadas, siendo una de las plantas con mayores ventajas para el organismo, es muy fácil de identificar en el campo, por el picor y el borde dentado que presentan sus hojas. Se puede comer incluso en tortilla (antes hervir 2 veces) o guisos. Se puede adquirir seca (no pica) para utilizar. **Precaución cuando se combina la ortiga con medicamentos.**

- Ortiga muerta, (White nettle or White dead-nettle, in english)

"Lamium álbum", conocida como Ortiga blanca, originaria de Europa y muy común en España. Se utiliza la planta entera, los tallos jóvenes antes de la floración se pueden utilizar como verdura igual a las Espinacas. Existen tinturas para uso externo. **No se conocen** contraindicaciones, se **recomienda consultar** con el médico o especialista.

- Oruga marítima, (European searocket, in english)

"Cakile marítima", también llamada Cakile marítima, originaria de las costas del Atlántico en el hemisferio norte, cuenca Mediterránea y Mar Negro. Hierba muy ramosa y florida casi todo el año, se tumban fácilmente, de raíz largamente ramificada y endurecida. Con fines medicinales interesan los tallos y las ramas en estado fresco. Se usa principalmente contra el escorbuto, por la gran cantidad de vitamina C. Planta con poca aplicación desde el punto de vista médico en la actualidad al ser sustituida por otras de igual características y más completas. **Continúa...**

... Se utiliza el zumo que se extrae de las hojas verdes recién cogidas y colar para beber. **No se conocen** contraindicaciones, se **recomienda consultar** con el médico o especialista.

Descripciones de plantas letra P

- Pachuli
- Paciencia
- Palo colorado
- Papaya
- Paraguaya
- Pareira brava
- Pasas de uva
- Pimiento amarillo
- Pimiento rojo
- Pimiento verde
- Pino / Piñones
- Plátano
- Polen
- Poligala común
- Patata
- Pensamiento
- Perejil
- Pimienta blanca
- Pimienta de Jamaica
- Pimienta negra
- Polygala calcárea
- Pomelo
- Psoralea
- Puerro
- Pulicaria
- Pulmonaria
- Pulmonaria arbórea

- Pachuli, (Patchouli, in english)

"Pogostemon cablin", originara del Sureste de Asia, el aceite se extrae de las hojas ligeramente fragantes y de las flores blancas o violetas de la planta. Es espeso, de color amarillo claro o marrón y de aroma fuerte, se lleva utilizando varios miles de años. **Solo es seguro en uso tópico** aplicado directamente a la piel. **También inhalado en vaporizador. Se aconseja mezclar con otros aceites portadores como:** Incienso, Salvia, Cedro, Geranio, Lavanda o Rosa. **Mantener alejado de:** ojos, oídos y nariz.

- Paciencia, (Patience dock, in english)

"Rumex patientia", parecida a la Acedera, llamada Acederón o Espinaca sin aroma. Originaria de Europa, la raíz es depurativa y digestiva a partes iguales mejorando numerosos problemas de salud. Los efectos terapéuticos son notorios y, a pesar de su nombre, no se hacen de rogar. Para preparar la infusión se utiliza entre 30 a 60 gr. por litro. La tintura madre se recomienda 25 gotas, tres veces al día. **Contraindicada durante el embarazo, la lactancia y en caso de sufrir un episodio de diarrea.**

- Palo colorado, (Chilean myrtle, in english)

"Luma apiculata", conocido localmente como arrayán rojo, árbol de tronco muy retorcido, originario de Chile y Argentina, crece cerca de los cursos de ríos. Con sus frutos, los indígenas elaboran la "Chicha". **No se conocen** contraindicaciones, se **recomienda consultar** con el médico o especialista.

- Papaya, (Papaya or Paw, in english)

"Carica papaya", originaria de Centroamérica, cuenta con muchas propiedades beneficiosas para la salud por la enzima llamada papaína, fruta con sólo 39 calorías por cada 100 gr. Inhibe la producción de estrógenos por lo que **no es recomendable para la fertilidad de las mujeres. Contraindicado en embarazadas y en menores de 2 años.**

- Paraguaya, (Saturn peaches, in english)

"Prunus persica var. Platycarpa", originaria de Persia (Irán) o China, el árbol se obtiene por medio de mutaciones del melocotonero. El fruto es una variedad del melocotón con similares características nutritivas. **No se conocen** contraindicaciones, se **recomienda consultar** con el médico o especialista.

- Pareira brava, (Cissampelos pareira, in english)

"Cissampelos Pareira" originaria de centro y sur de América, planta silvestre trepadora, tiene muchos otros nombres en español: Alcotán, Bejuco de cerca, etc. Crece en todas las regiones cálidas y templadas del mundo. Empleada en medicina tradicional China, Ayurveda, en la indígena mexicana y otros lugares desde tiempos remotos. **Continúa...**

... Todas las partes de la planta poseen propiedades curativas. **Dosis bajo prescripción médica** utilizada en polvo o cápsulas. **El exceso, por su efecto diurético, puede producir diversos trastornos.**

- Pasas de uva, (Raisin grape, in english)

También llamada Pasas o Uvas pasas, usada como golosina en colaciones o para añadir un poco de sabor a platos dulces y agridulces, es una de las frutas preferidas el paladar. **Contraindicado para personas con insuficiencia renal.**

- Patata, (Potato, in english)

"Solanum tuberosum", originaria de los Andes, antiguamente se creía que no era comestible, incluso venenosa. Hoy es uno de los alimentos más universales y baratos del que existen muchas variedades. De mala reputación, por ignorancia, al considerar uno de los primeros integrantes en salir de su dieta, cuando es un tubérculo cargado de nutrientes y variedad de vitaminas, minerales y fitoquímicos para prevenir enfermedades y beneficiar nuestra salud. **Precaución, con la solanina, sustancia verde que está justo debajo de la piel,** comer la patata cruda o con piel (en abundancia) puede ser un peligro, al ser un **pesticida natural.** Lo aconsejable es **eliminar perfectamente la piel y consumir las patatas de inmediato,** las concentraciones de la solanina aumentan cuanto más viejo es el ejemplar. **Se recomienda cocer la patata sin piel para evitar que este alcaloide nos pueda afectar.**

- Pensamiento, (Pansy, in english)

"Viola tricolor var. Hortensis", originaria de Europa, planta silvestre con flores de colores diversos como blanco, lavanda, violeta, y todas las tonalidades de azul. La mejor forma de utilizar la planta es mediante el consumo de un té de hojas y flores, en uso tópico o ingerido. **Precaución como diurético, utilizar bajo prescripción y control médico en presencia de: hipertensión, cardiopatías o insuficiencia renal, moderada o grave.**

- Perejil, (Parsley, in english)

"Petroselinum crispum", originario del Mediterráneo oriental, fácilmente de encontrar en huertos, jardines, márgenes de muros y caminos. En la floración se puede confundir con el Cianuro **(veneno),** muy común en el campo. Utilizado como condimento principalmente. Destaca por su bajo contenido tanto en calorías como en grasas, 100 gramos de perejil aportan 1 gramo de grasa y apenas 36 calorías. **El consumo de aceite de perejil no se recomienda en:** menores de 12 años, ni en personas con estómago delicado, úlceras duodenales o gastritis. **No aconsejada en caso de:** piedras en el riñón o tendencia a formar cálculos renales e insuficiencia renal. **Contraindicada durante el embarazo (puede estimular el útero).**

- Pimienta blanca, (White pepper, in english)

"Piper nigrum", originaria de la India, una de las especias más famosas y utilizadas para condimentar. Proviene del mismo árbol que la negra o rosada. Es cuando el grano está maduro y se macera agua, al retirar la piel aparece el grano blanco. Rica en hierro, calcio y fibra, menos picante que la negra. En infusiones, mejor enmascarar por su fuerte sabor. **Consumir con moderación personas que sufran**: úlcera gástrica, acidez de estómago o gastritis. **Precaución, si llega a los pulmones cruda, en niños menores de 6 años puede provocar la muerte, se aconseja utilizar para cocinar en polvo.**

- Pimienta de Jamaica, (Jamaica pepper or Allspice, in english)

"Pimenta dioica", árbol que crece en Jamaica, México, Guatemala y Belice, y Pimienta que en realidad es una baya, se recoge verde y al secarse al sol toma su color marrón característico. Una vez secas recuerdan a grandes pimientas y de ahí su nombre, pero no pica. El aceite esencial puede irritar la piel en personas muy sensibles, para evitar, probar por primera vez en pequeñas cantidades. **No se recomienda en embarazadas o lactantes debido a la insuficiencia de evidencia científica disponible.**

- Pimienta negra, (Black pepper, in english)

"Piper nigrum", originaria de la India, una de las especies más famosas y utilizadas para condimentar. Proviene del mismo árbol que la blanca o rosada, se recolecta el grano inmaduro, al secar se pone negra y su piel se arruga. De sabor característico y algo picante, debido a la **piperina**, su poder picante sería un 1% de la capsaicina del Chile. En infusiones, mejor enmascarar por su fuerte sabor, existen preoarados con pimienta. **Consumir con moderación quien sufra:** úlcera gástrica, acidez de estómago o gastritis. **En exceso** puede provocar convulsiones. **Precaución, si llega a los pulmones cruda en niños menores de 6 años puede provocar la muerte, mejor cocinar en polvo.**

- Pimiento amarillo, (Yellow pepper, in english)

"Capsicum annuum", también llamado de California, originario de América. Se recomienda combinar su consumo con pequeñas cantidades (3 o 5 gr.) de aceites saludables como el aceite de oliva, para favorecer la absorción de los carotenoides. Un pimiento grande proporciona aproximadamente 1,7 gr. de fibra dietética, representa el 7 % del valor diario recomendado. **No se conocen** contraindicaciones, se **recomienda consultar** con el médico o especialista.

- Pimiento rojo, (Red pepper, in english)

"Capsicum annuum", originario de América, dándose a conocer por los españoles en el siglo XVI, es el más maduro de los pimientos, puede ser consumido crudo, hervido o asado. **Abstenerse pacientes con gastritis, úlceras gastroduodenales.**

- Pimiento verde, (Green pepper, in english)

"Capsicum annuum", originario de América, dándose a conocer por los españoles en el siglo XVI, es el más inmaduro de los pimientos, de sabor amargo con la mitad de vitamina C y una décima parte de la vitamina A en comparación con los de color rojo o amarillo. Potente antioxidante, la vitamina C es necesaria para la adecuada absorción del hierro si se tiene deficiencia. El pimiento verde se ...**Continúa en página siguiente**

... encuentra entre los alimentos más bajos en calorías, 100 gr. contienen tan solo 19,68 kcal. **No se conocen** contraindicaciones, se **recomienda consultar** con el médico o especialista.

- Pino / Piñones, (Scots pine / Pine nut, in english)

"Pinus sylvestris", pertenece a la especie de las coníferas, de las que existen unas 150 especies, originario de Eurasia. Se utilizan los piñones (comestibles) ricos en vitaminas A, B, E, minerales, grasas y carbohidratos. La corteza y los brotes de las hojas / agujas para extraer la trementina (tóxica). Se utiliza en aromaterapia. Ingerido, **solo bajo control médico o del especialista** la tintura y el extracto fluido. **Más de una cucharada puede provocar:** una reacción violenta del sistema nervioso y aumento de la presión arterial, vómitos, ulceraciones. **Contraindicada en embarazadas, lactantes, menores de 6 años, personas con asma, anémicas, gastritis, hernias de hiato, úlceras digestivas y con tendencia al estreñimiento.**

- Plátano, (Banana, in english)

"Musa paradisiaca", originario de la India, altamente nutritivo y de las frutas más calóricas que existen después del aguacate, 100 gr. de plátano aportan unas 90 calorías aproximadamente. Muy rico en hidratos de carbono siendo una de las mejores formas de nutrir nuestro cuerpo con energía vegetal, muy indicado en las dietas de los niños por sus propiedades y beneficios. **En exceso** puede resultar indigesto. **Los diabéticos** deben consumir con moderación. **Personas con enfermedades renales o hepáticas,** se **recomienda consultar** con el médico o especialista.

- Polen, (Pollen, in english)

Excepción del libro, se incluye al provenir de las plantas sirviendo en su multiplicación, y por los beneficios atribuidos desde la antigüedad, ha llevado a que se le reconozca como un producto de alto valor nutritivo. Dotado de propiedades profilácticas revitalizantes y terapéuticas. Contiene todos los elementos indispensables para la vida, y el restablecimiento y mantenimiento de la salud del cuerpo. **...Continúa**

... Los alérgicos no deben consumir polen. Considerado un alimento superior a cualquier vegetal o vitamina artificial. **No se conocen** contraindicaciones, **se recomienda** consultar con el médico o especialista.

- Polígala común, (Common milkwort, in english)

"Polygala vulgaris", originaria de Europa y cuenca Mediterránea, crece en bosques de pinos y prados de pocos nutrientes. Se utiliza el rizoma y la raíz, a veces toda la planta en infusión, que se prepara con 12 gr. por 1/4 de litro de agua. Existe en tintura, jarabe, extractos fluido y seco. **No se conocen** contraindicaciones, se **recomienda consultar** con el médico o especialista.

- Polygala calcárea, (Chalk milkwort, in english)

"Polygala calcárea", también llamada Herba blava, se encuentra en Gran Bretaña, Francia, Suiza, Alemania, Bélgica, España, sobre todo en terrenos calcáreos y rupestres. Florece a principios de marzo y se caracteriza por sus flores de color intensamente azul. Planta de poco uso medicinal por desconocimiento, pero es un excelente mucolítico, se utiliza en infusión tomando 2 tazas al día. **No se conocen** contraindicaciones, se **recomienda consultar** con el médico o especialista.

- Pomelo, (Grapefruit, in english) (Pomelo, en français)

"Citrus × paradisi", originario del sudeste asiático, su cultivo se ha ido extendiendo a países de clima parecido. Es como una naranja de mayor tamaño y color amarillo como el limón, existen variedades de colores verdes y rosáceos, de sabor algo amargo pero muy agradable al paladar. Se recomienda consumir el fruto entero preferentemente como zumo Se **recomienda consultar** con el médico o especialista **antes de consumir,** puede interactuar con medicamentos **en personas con:** problemas de riñones, hipertensión y afecciones cardíacas **(ciclosporina, felodipina, nifedipina, verapamilo).**

- Psoralea, (Psoralea or Otholobium, in english)

"Psoralea glandulosa" o "Otholobium glandulosum", también llamada Culen, originaria de Argentina, Perú, Chile y Uruguay, de tallos fuertes, verticales y vellosidades. Las hojas son muy aromáticas, y las puntas transparentes. Se puede encontrar en praderas secas, declives pedregosos, terrenos abandonados, bordes de caminos en cultivos. **No se conocen** contraindicaciones, se **recomienda consultar** con el médico o especialista.

- Puerro, (Leek, in english)

"Allium ampeloprasum", originaria desde el sudoeste de Europa hasta Asia, especie de cebolla alargada y sabor parecido, más suave y dulce, cuyo bulbo es comestible. **El exceso de consumo puede ocasionar**: diarreas, flatulencias y vómitos. **Durante el embarazo consumir especialmente con moderación.**

- Pulicaria, (Common fleabane or Meadow false fleabane, in english) "Pulicaria dysenterica", también llamada Hierba de gato, muy usada desde la antigüedad, crece en zonas costeras o en cercanías al agua y de forma silvestre al sur de Europa y norte de África. Se recolecta a mitad del verano, cuando los principios activos son más intensos. Se utiliza en infusión ingerida o en uso tópico a razón de 30 gr. por litro de agua. **No se conocen** contraindicaciones, se **recomienda consultar** con el médico o especialista.

- Pulmonaria, (Lungwort, in english)

"Pulmonaria officinalis", originaria de zonas con clima templado de Europa, crece silvestre en bosques abiertos, robledales, tierras de barbecho, próxima a ríos, arroyos o zonas húmedas en general, también en terrenos áridos o calcáreos. Los tallos están rematados con flores de color rosa al principio y azul cuando se abren; es común ver hasta tres colores distintos. Se utiliza en infusión normalmente. Existe la tintura con las mismas propiedades. **Contraindicada en embarazadas, lactantes, personas con hepatopatías por alcaloides pirrolizidínicos.**

- Pulmonaria arbórea, (Tree lungwort, in english)

"Lobaria pulmonaria", de Europa, Asia, América del norte y África, crece en el tronco o por encima de los árboles caídos sobre al suelo. El color puede ir del blanco al marrón en función de la ubicación. Muy beneficiosa para el organismo, la parte más utilizada con fines medicinales son las esporas (este helecho carece de flores). **No se conocen** contraindicaciones, se **recomienda consultar** con el médico o especialista.

Descripciones de plantas letras Q - R

- **Quassia o Cuasia**
- **Quina**

- **Quinua o Quinoa**

- **Rábano**
- **Remolacha**
- **Reseda**

- **Retama de los tintoreros**
- **Roble albar**
- **Rúcula**

- Quassia o Cuasia, (Bitter wood, in english)

"Quassia Amara" o "Picrama excelsa", originaria de la América tropical y una de las plantas más amargas que existen. Muy utilizada para fines cosméticos y medicinales. Destaca por ser un insecticida natural muy eficiente al no contener sustancias tóxicas, no afecta a mascotas o niños y repele todo tipo de insectos siendo económico y ecológico. **La corteza en infusión solo bajo control de especialista** (en dosis altas produce vómitos). También se utiliza **el vinagre de Quassia. Contraindicado durante el período menstrual (puede provocar cólicos, dolores y aumentar el tono uterino) y las embarazadas (abortivo).**

- Quina, (Quinine, in english)

"Cinchona officinalis", también conocida como Quinquina o Quinaquina, árbol originario de la Amazonía peruana. Debido al extendido uso y explotación comercial en la actualidad se encuentra en peligro de extinción a nivel mundial. La corteza de las ramas, el tronco desecado y la raíz tienen principios activos. La infusión se prepara con 10 gr. de corteza por litro de agua hirviendo. Se aconseja tomar 2 tazas al día. Se consigue en polvo, extracto líquido, tintura, jarabe. El vino de quina es curativo (**en adultos solo 1 copita al día es suficiente para obtener buenos resultados**). **Con moderación no genera contraindicaciones, en dosis muy altas puede producir:** vómitos, náuseas, dolor de cabeza y problemas en los oídos.

Quinua, (Quinoa, in english)

"Chenopodium quinoa", también llamada Quinoa, originaria de los Andes y consumida desde hace miles de años en Sudamérica. Comenzó a ser considerada como un superalimento en años recientes. La semilla proporciona todos los nutrientes que el cuerpo necesita y adecuada en todas las edades, **sin gluten.** Una vez **hervida, contiene menos fibra.** Para hervir, colocar dos tazas de agua en una olla, calentar, añadir una taza de quinua y un poco de sal, cocer 15 o 20 minutos. **Contraindicado en personas con cálculos renales.**

- Rábano, (Radish, in english)

"Raphanus sativus", originario del Mediterráneo oriental y utilizado durante siglos con fines medicinales, contiene aceites volátiles que son similares a los encontrados en la mostaza. **Contraindicado el rábano picante en: embarazadas (capaz de causar un aborto involuntario, e incluso se ha utilizado para tal fin), lactantes, personas diagnosticadas con disfunción tiroidea, enfermedades gastrointestinales, úlceras estomacales o intestinales, enfermedad inflamatoria intestinal, trastornos renales o enfermedad.**

- Remolacha, (Beet, in english)

"Beta vulgaris", originaria del Mediterráneo, hortaliza muy humilde, pero con propiedades sorprendentes. **Consumir con moderación personas con:** acidez de estómago, gastritis, hipotensión, gota, artritis o problemas renales. **Contraindicada en embarazadas, diabéticos.**

- Reseda, (Mignonette tree, in english)

"Reseda lutea", originaria del trópico, se cultiva en regiones áridas de África tropical, Madagascar, Asia tropical, Australia y América, considerado el cosmético más antiguo del mundo, sirve para teñir cualquier parte del cuerpo incluso en tatuajes. **No se conocen** contraindicaciones, se **recomienda consultar** con el médico o especialista.

- Retama de los tintoreros, (Dyer's greenweed or Dyer's broom, in english)

"Genista tinctoria", "Genista tinctoria", crece en áreas de pastizales en América del Norte y Europa, desde los estudios del siglo XV, utilizada anteriormente solo para teñir telas permanentemente. Terapéuticamente se utiliza en infusión realizada con 5 gr. de las flores recién abiertas añadidas a un litro de agua. Hervir diez minutos, colar y beber 3 tazas a lo largo del día, **evitar sobredosis** (contiene alcaloides). **No recolectar, es fácil de confundir con otra retama por sus flores,** mejor comprar en tiendas especializadas. **Contraindicada en personas con hipertensión.**

- Roble albar, (Durmast oak, in english)

"Querus petraea", árbol originario del hemisferio Norte, especie que agrupa distintas especies, en la Península existen tres especies muy parecidas, la más extendida es el "Quercus pyrenaica", también llamado Melojo, abundante en la Sierra de Madrid. El descrito aquí abunda en Cantabria y los Pirineos, se utiliza la corteza de las ramas, aunque también se emplean las hojas y el fruto. Se utiliza la corteza de primavera de 3 mm. de grueso. **Contraindicado en embarazadas, lactantes, y personas con medicación que provoque daño hepatotóxico.**

- Romanza, (Fiddle dock, in english)

"Rumex pulcher", originaria de la cuenca Mediterránea, planta invasiva parecida a la Lengua de vaca o la Romaza, se diferencia en su hoja, esta es de **base acorazonada.** Con flores en las axilas de las hojas superiores. De uso exclusivo como verdura y cocinada como las acelgas. **Contraindicado en personas artríticas, reumáticas, con gota o afecciones renales.**

- Rúcula, (Roquet or Arugula, in english)

"Eruca sativa" o "Eruca vesicaria subsp. Sativa", muy común en la cuenca Mediterránea, su utilización se remonta a la época romana considerada como gran afrodisíaco. Muy versátil y peculiar su sabor, único. Se puede comer cruda en ensaladas, batidos o cocido en pestos, rellenos y tortillas. **Consultar con el médico o especialista, es rica en nitrato y puede interactuar con ciertos medicamentos, entre ellos los anticoagulantes.**

Descripciones de plantas letra S

- Salep
- Salicaria
- Salvia
- Salvia romana
- Sandía
- Sanguinaria del Canadá
- Sanícula
- Sauco
- Sello de Salomón (tóxico)
- Serbal
- Serpol
- Sésamo
- Stevia

- Salep, (Salep drink or Butterfly orchid drink, in english)

"Anacamptis papilionácea – fam. Orchis", originaria de la cuenca Mediterránea. En Turquía estas orquídeas se utilizan para elaborar una bebida tradicional muy energética que fortalece la salud, elevando las defensas orgánicas para cuando comienzan los climas fríos del invierno. Esta bebida recibe el nombre de "Salep", se utiliza la fécula o harina aromática de los tubérculos, en particular de las **...Continúa**

... especies salvajes, "Satirión orchis" y "Ophrys holosericea". Se prepara con 4 tazas de leche, 1 taza de azúcar, 1 cuchara sopera de Salep, mezclar el edulcorante con el Salep en una olla. Añadir leche fría y mezclar. **En lugar de azúcar (sin ningún valor alimenticio), se puede utilizar cualquier edulcorante (ver en Edulcorantes).** Mezclar mientras hierve, a fuego lento durante 2-3 minutos, servir caliente rociando con un poco de Canela, se puede añadir un poco de Almidón. Se vende Salep preparado, para calentar y consumir. **No se conocen** contraindicaciones, se **recomienda consultar** con el médico o especialista.

- Salicaria, (Spiked loosestrife or Purple lythrum, in english)

"Lythrum salicaria", también llamada Arroyuela, originaria de los humedales de Eurasia. Una de las 100 especies más invasivas del mundo. **El efecto secundario podría ser:** el trastorno gástrico por su contenido en taninos. **Se evita mezclado con:** Malva, Malvavisco o Llantén. **Realizar tratamientos cortos por vía oral en:** personas con problemas de anemia ferropénica. **Tomando suplementos de hierro:** espaciar al menos dos horas desde la ingesta de Salicaria. **Contraindicado la dosificación alcohólica en menores de 2 años y en personas en deshabituación etílica.**

- Salvia, (Sage or Garden sage, in english)

"Salvia officinalis", originaria de la cuenca Mediterránea, el nombre de salvia proviene del latín "salvare" (curar), la forma más usual es la infusión, **nunca más de tres infusiones diarias. No exceder de la dosis recomendada:** puede ser neurotóxica y provocar convulsiones. **Contraindicada en embarazadas (abortiva), lactantes, menores de 6 años, personas con cáncer de mama y otros tumores estrógeno-dependientes, pacientes con inestabilidad neurovegetativa, o insuficiencia renal.**

- Salvia romana, (Clary sage or Clary, in english)

"Salvia sclarea", también llamada Amaro o Esclarea, originaria de la cuenca del Mediterráneo hasta el centro de Asia. **No ingerir alcohol utilizando el aceite esencial,** exagera los efectos **...Continúa en página siguiente**

... alcohólicos, la embriaguez, el malestar posterior o provocar somnolencia. **Contraindicado el aceite en embarazadas, al estimular el flujo menstrual.**

- Sandía, (Watermelon, in english)

"Citrullus lanatus", fruto de una verdura originaria del África subsahariana, consiguió el récord de peso de un fruto, al alcanzar 122 Kg. de peso. Se tiene constancia de su consumo desde hace 5.000 años, descrito en jeroglíficos egipcios. **Se recomienda no ingerir tras de una comida, especialmente si es muy abundante**, limita la acción de los jugos gástricos siendo el proceso digestivo más largo y agotador. **Lo ideal es en la merienda o a media mañana** totalmente madura y roja. Todas las partes son ricas en sustancias útiles, **incluso la parte blanca** interna de la cáscara. Es recomendable ingerir un poco de **cáscara de sandía**, tiene un buen contenido de la clorofila, útil en la producción de sangre. **Personas que sufren de colitis y gastritis, consumir en pequeñas cantidades, y entre comidas, para evitar problemas de diarrea, distensión abdominal y estreñimiento.**

- Sanguinaria del Canadá, (Bloodroot, in english)

"Sanguinaria canadensis", también llamada Sanguinaria y Germandrina, originaria de USA y Canadá, de flores blancas o rosas. **Para fines curativos se utilizan las hojas en infusión. Existen productos dentales con sanguinaria. Antes de utilizar consultar con el médico o especialista** tiene alcaloides tóxicos como Opio y puede irritar la membrana mucosa. **Contraindicada en embarazadas, y lactantes.**

- Sanícula, (Sanicle, in english)

"Sanicula europaea" o "Sanicula Elata", también llamada Hierba de san Lorenzo, originaria de Europa, crece en bosques y lugares húmedos a la sombra. Se utiliza con fines medicinales la hierba y la raíz, en infusión ingerida o en uso tópico, se prepara con dos cucharadas de café llenas de Sanícula en ¼ litro de agua. Hervir 10 minutos. **...Continúa**

... Colar y beber caliente 2 o 3 veces al día, para enjuagues o uso tópico, mejor tibio. **No se conocen** contraindicaciones, se **recomienda consultar** con el médico o especialista.

- Saúco, (Elder or Elderberry, in english)

"Sambucus nigra", originario de Europa y noroeste de África. La infusión de las flores o la tintura, se emplean para las vías respiratorias superiores, siendo antiinflamatorio y expectorante. **Contraindicado en embarazadas, o en pacientes que empeoren si pierden mucho líquido.**

- Sello de Salomón, (Solomon's seal, in english)

"Polygonatum odoratum", originaria de Eurasia, se extiende por bosques y terrenos de montaña abiertos en toda la Península Ibérica. Se ha utilizado durante siglos como: tintura herbal, pomada, té o suplemento en forma de píldoras. **Toda la planta es tóxica y emética, sus bayas parecidas a los arándanos.** La forma más común es **en uso tópico la infusión de los rizomas y las raíces**, como cataplasma o apósitos. **En uso interno, solo bajo prescripción y control médico.**

- Serbal, (Rowan or Mountain-ash, in english)

"Sorbus aucuparia", árbol de tamaño medio de origen europeo desde Islandia hasta Rusia, crece en alturas elevadas y orilla de los ríos. También como árbol ornamental en jardines y parques. Para los remedios se utilizan las bayas **(nunca crudas)**, solo cocidas o en mermeladas, también existen tinturas. **Contraindicada en personas propensas a trombos.**

- Serpol, (Breckland thyme, in english)

"Thymus serpyllum", conocido también como Tomillo sanjuanero o Tomillo del monte, originario del centro de Europa, en valles y montañas hasta 2.500 m., zonas escarpadas pedregosas y claros de los bosques. Planta emparentada con el Tomillo con quien comparte numerosas propiedades medicinales conocidas y aprovechadas unos 2.000 años a.n.e. Para fines curativos se utiliza hierbas y flores en **dosis controladas**, como infusión se realiza vertiendo en un ¼ litro de agua **...Continúa en página siguiente**

... 2 cucharadas de las de café, con hierbas y flores de Serpol, reposar 10 minutos, colar y beber 2 o 3 tazas al día. Existen en tinturas y aceites, también se puede aderezar las ensaladas. **No se conocen** contraindicaciones, se **recomienda consultar** con el médico o especialista.

- Sésamo, (Black sesame, in english)

"Sesamum indicum", llamado también Ajónjoli, originario de la India y África, desde donde llegó a América transportada por los esclavos. Se puede consumir directamente en ensaladas, dulces, arroz, parrilladas o salteados de verduras. **Utilizar solo bajo prescripción médica:** personas enfermas de hígado o renales. **Contraindicado el aceite esencial en embarazadas.**

- Stevia, (Stevia or Sugarleaf, in english)

"Stevia rebaudiana", originaria de América del sur, aún se puede encontrar de manera silvestre, actualmente se cultiva para su consumo. Es un potentísimo edulcorante, **apenas posee calorías ni carbohidratos** (1 gr. de Stevia tiene 1 caloría y 1 gr. de carbohidratos), **nada de grasas ni colesterol.** Las hojas contienen una variedad de nutrientes, como **proteínas, fibras, carbohidratos, vitaminas A y C, y minerales como sodio, magnesio, hierro, fósforo, calcio, potasio y zinc,** en forma elaborada no se aprecia. Existe un polvo blanco a modo de azúcar siendo de 200 a 300 veces más dulce que ella y las hojas entre 15 y 20 veces. **Se puede utilizar la planta fresca,** trozos pequeños de una hoja, según el dulzor a desear. Para usar varias veces en distintos preparados como galletas, tartas o en infusiones, hervir hojas en un litro de agua y conservar en lugar fresco el líquido obtenido. **Existen:** bolsitas (para mezclar con otras tisanas), hojas secas, esencia, pastillas, extracto líquido y en polvo. **Puede provocar reacciones alérgicas en personas sensibles a:** plantas de las familias del Crisantemo y la Margarita. **Como efectos secundarios se citan:** náuseas, distensión abdominal y gases. **En niveles muy altos puede afectar a los hipotensos. Contraindicado en embarazadas y lactantes.**

Descripciones de plantas letra T

- Tamarindo
- Tamarisco
- Tanaceto
- Té de roca
- Té rooibos
- Tifa
- Tila
- Tila alpina
- Tomate
- Tomate de árbol
- Tomillo
- Tomillo cabezudo
- Trébol o Trébol blanco
- Trigo
- Tronadora

- Tamarindo, (Tamarind, in english)

"Tamarindus indica", también llamada Planta cámara, originario de África, pero cultivado con gran éxito en parte de Asia tropical e Iberoamérica. **Frutos color marrón o café oscuro que parecen sacos pequeños. La pulpa es un excelente condimento** para preparar aderezos y salsas. Los africanos suelen mezclar la pulpa con el arroz. **Se emplea la pulpa, hojas y corteza en aplicaciones medicinales.** Es muy útil en lugares donde hace mucho calor para combatir deshidrataciones. **Contraindicado en embarazadas, lactantes, y comer si se toma aspirinas, por el posible aumento de sangrado.**

- Tamarisco, (Tamarisk, in english)

"Tamarix", originario del sur de Europa de zonas secas, el tronco está cubierto con una corteza de color ceniciento rojizo. De ramas delgada, hojas alternas color verde claro, envolventes por la base y apiñadas. Para los remedios medicinales se utilizan las hojas y cortezas en decocción a razón de 50 gr. por litro de agua. **No se conocen** contraindicaciones, se **recomienda consultar** con el médico o especialista.

- Tanaceto, (Tansy, in english)

"Tanacetum vulgare", originario del sudeste de Europa y Asia Menor, arbusto de hojas aromáticas, divididas y vellosas de color verde oscuro, flores de pétalos blancos y el botón **...Continúa en página siguiente**

... central amarillo. En la Edad Media hasta el XVII, en Inglaterra y norte de España su uso fue muy extendido como remedio para toda clase de enfermedades. Se utilizan las hojas y flores en infusión, existen tinturas y aceite esencial. **Contraindicado en embarazadas (abortivo), lactantes, en personas con problemas de coagulación sanguínea o baja en plaquetas.**

- Té de roca, (Tea of Aragon or Rock tea, in english)

"Jasonia glutinosa" o "Chiliadenus glutinosus", originario del Occidente Mediterráneo, desde la Provenza a Marruecos, actualmente abunda en Catalunya, Aragón, Levante y Murcia. Crece entre las piedras, formando una pequeña mata de 30 cm, de flores amarillas y pequeñas en el extremo del tallo, aunque llamado té, **no contiene teína**, **y en grandes dosis produce vómitos.** Se vende aceite esencial. La forma habitual es en infusiones, de olor fuerte y sabor amargo, endulzar al gusto, ver Edulcorantes. Beber hasta dos tazas al día. **Contraindicado en embarazadas (abortivo), lactantes.**

- Té rooibos, (Rooibos, in english)

"Aspalathus linearis", en realidad es una infusión, planta de origen sudafricano, no proviene de la planta del té "Camelia sinensis". El consumo de Rooibos se remonta al siglo XVII. De color rojo, sabor parecido a las nueces y algo dulzón, aunque no contiene azúcar. **De efecto cual estreñimiento/laxante, es conveniente vigilar su uso en los más pequeños.** Existe una variedad en verde con mayor poder antioxidante, pero muy caro. No contiene cafeína, se puede consumir por las noches incluso niños. **No se conocen** contraindicaciones, se **recomienda consultar** con el médico o especialista.

- Tifa, (Broadleaf cattail, in english)

"Typha latifolia", muy extendida en zonas acuáticas, bordes de ríos y lagos de agua dulce en todo el hemisferio norte subtropical, forma grandes agrupaciones de tallos redondos de hasta 3 metros de altura, con hojas hasta 1,5 m. de longitud Para los remedios curativos se utilizan sus raíces y en menor medida las semillas. En uso tópico usar **...Continúa**

... entre 50 y 100 gr. de raíz por litro de agua. **No se conocen** contraindicaciones, se **recomienda consultar** con el médico o especialista.

- Tila, (Tila tree or Large-leaved lime, in english)

"Tilia platyphyllos", se obtiene del árbol del Tilo de hoja ancha y caduca, crece de forma espontánea en los bosques de Europa, Asia y Norteamérica, se puede encontrar en calles y parques en ciudades del todo el mundo. Las propiedades curativas son conocidas desde la antigüedad, se utilizan sus flores, muy aromáticas y forma racimos. Existen píldoras naturales para facilitar su ingesta y tener más control del tratamiento. **Consultar con el médico:** durante **el embarazo, en caso enfermedad coronaria o problemas digestivos crónicos.**

- Tila alpina, (Small-leaved lime, in english)

"Tilia cordata", conocido como Tilo silvestre o Tilo de hoja pequeña y estrecha, originario de Europa desde España hasta los montes y montañas de Rusia y Turquía. Como remedio terapéutico se aprovecha las flores, hojas y corteza. **La mejor forma de consumir es la infusión,** hasta dos tazas diarias, ideal antes de acostarse, o para pasar una tarde o un día relajado, también antes de un examen, una entrevista. Para preparar se recomienda una vez hervida el agua, en una taza poner no más de 1,5 gramos y reposar. **Usar solo para casos puntuales,** no como bebida rutinaria. **Contiene taninos,** el consumo excesivo **con el tiempo puede disminuir sus efectos** positivos relajantes. **Contraindicado en personas que padecen de hipotensión.**

- Tomate, (Tomato, in english)

"Solanum lycopersicum", fruto de la tomatera y uno de los alimentos más consumidos del mundo y desde hace 2.800 años en México. En el siglo XVII se dio a conocer y cultivar en la cuenca Mediterránea, primero los de color amarillo y posteriormente el rojo. Su bajo contenido calórico y su aporte de vitamina C y licopeno, es un ...**Continúa en página siguiente**

... excelente aliado de la cocina saludable, incluso productos procesados con calor, como las salsas de tomate. **No se conocen** contraindicaciones, se **recomienda consultar** con el médico o especialista.

- Tomate de árbol, (Tamarillo or Tree tomato, in english)

"Solanum betaceum", también conocido como Tamarillo, originario de los Andes y poco conocido, se encuentra en forma silvestre o cultivada en toda América del Sur. De tamaño mediano, liso, brillante y color ladrillo o rojo cuando está maduro, sabor ácido-dulce. Se consume como fruta fresca, aunque por el exceso de acidez, mezclar el zumo con agua o leche. También el jugo como refresco directamente, para ello hervir 10 minutos los tomates con cáscara, sin pedículo, dejar enfriar, quitar la cáscara manualmente. Licuar 3 tomates, y dependiendo del gusto se puede añadir, zanahoria, piña, mora, agua, un poco de leche y endulzar al gusto. De forma directa o crudo, partir el fruto con cáscara en trozos pequeños y agregar limón al gusto. Se utiliza como materia prima en la industria para la preparación de jugos, compotas, conservas dulces, jaleas, gelatina, mermelada y concentrados congelados. Puede encontrarse bolsas de concentrados ya preparadas en algunas tiendas de productos americanos de habla hispana. **Contraindicado en personas con alergias de piel, tensión baja (hipotensos), y padezcan de urticarias.**

- Tomillo, (Thyme, in english)

"Thymus vulgaris", originario de la cuenca Mediterránea y Asia, existen cerca de 1.500 especies, los más importantes pueden ser el Tomillo blanco (salsero), el Mejorano o el de Loscos. Arbusto muy aromático de tallos leñosos, llega hasta los 40 centímetros, de flores pequeñas de color rosa pálido o blanco agrupadas en racimos muy tupidos, dejando finas vellosidades en la parte posterior. La planta se reconoce por su fuerte aroma. Por sus propiedades bactericidas se utilizó en la antigüedad para embalsamar las momias. Existe un aceite esencial, **antes de utilizar se recomienda consultar con el médico o especialista.** La forma habitual es la infusión, ingerida o en uso tópico como ...**Continúa**

... enjuagues, locuciones, **sin edulcorar**. También como condimento en guisos, **poco,** el sabor es muy intenso. **No se conocen** contraindicaciones, se **recomienda consultar** con el médico o especialista.

- Tomillo cabezudo

(Bigheaded thyme, Conehead thyme, or Spanish oregano, in english)
"Coridothymus capitatus" o "Thymus capitatus", también llamado Tomillo aceitunero, Tomillo andaluz, arbusto que crece en todo sur de la cuenca Mediterránea. Se usa más o menos de la misma manera que el Tomillo común pero no igual de bien estudiado. En las Baleares se conoce por el nombre Frígola, nombre catalán para el Tomillo, usado en los dialectos de esas islas, siendo allí la especie más común. De esta variedad para los remedios curativos se utilizan las flores en infusión a razón de un manojo por litro de agua. Existe miel de este tomillo. **No se conocen** contraindicaciones, se **recomienda consultar** con el médico o especialista.

- Trébol, (White clover, in english)
"Trifolium repens", también conocido como Trébol blanco, originario de Europa, Asia y algunas regiones de África. Es muy usado como forraje y para ornamentar jardines al ser muy vistoso, de tallos rastreros y hojas de verdes con algunas manchas color blanco, tienen forma trifoliada de diferentes tamaños. Sus flores son de color blanco y es la parte que contiene más principios activos y cualidades medicinales, el tallo y las hojas son de menor proporción en ellas. La forma habitual es la infusión de flores secas, hervir 5 cucharaditas de café durante 10 minutos, colar y beber. Se puede utilizar en uso tópico, durante varios días. **No se conocen** contraindicaciones, se **recomienda consultar** con el médico o especialista.

- Trigo, (Wheat, in english)
"Triticum", su origen es la Mesopotamia antigua, la existencia e hibridación final datan de hace 9.000 años, existen restos en Irak desde el 6.700 a.n.e. Muchas personas consumen demasiadas calorías, pero no las cantidades suficientes de alimentos con un rico contenido nutritivo. El germen de trigo es una fuente altamente concentrada de ...**Continúa en página siguiente**

... nutrientes, vitaminas y minerales que pueden ayudar a satisfacer los requerimientos de toda persona. **No se conocen** contraindicaciones (**salvo los celíacos**), se **recomienda consultar** con el médico o especialista.

- Tronadora, (Yellow trumpetbush or Tecoma stans, in english)
"Tecoma stans", originaria de México, de climas cálidos y principalmente secos, crece alrededor de la orilla de algunos caminos en bosques tropicales. Con hojas y flores amarillas en forma de pequeñas campanas que se agrupan en racimos bellos y vistosos, sus frutos en forma de cápsulas alargadas contienen las semillas. Cuenta con 56 componentes químicos distintos en las hojas y flores. Beber infusiones realizadas con las hojas, ramas, tallos e incluso flores y raíces. **No se conocen** contraindicaciones, se **recomienda consultar** con el médico o especialista.

Descripciones de plantas letra V

- Vainilla
- Valeriana
- Vasaka
- Vellosilla
- Verbasco, ver Gordolobo
- Verdolaga
- Verónica
- Vid

- Vainilla, (Vanilla, in english)
"Vanilla planifolia", es una de las 110 especies de "Vanilla" existentes, orquídea enredadera originaria de México, existen más de 30 variedades, aquí se describe la más usada como saborizante, cultivada en zonas tropicales de América, principalmente. Se consume el fruto que sale de una flor que apenas dura abierta un par de días, de olor inconfundible y exquisito, formando una vaina negruzca donde guarda las semillas. Utilizada por los aztecas como remedio curativo, incluso Hernán Cortés la llegó a conocer. A partir del siglo XVII se expandió a **...Continúa**

... través de la cocina francesa. En sinergia con el chocolate aumenta las endorfinas potenciando sus propiedades. Lo habitual para los remedios curativos es la infusión, también mezclada con otros alimentos. La comercialización generalizada es en rama, polvo, tintura y aceite esencial. **Contraindicado ingerir el aceite esencial por embarazadas, lactantes, menores de 12 años, pacientes con úlceras gastroduodenales, colitis, enfermos hepáticos y renales.**

- Valeriana, (Valerian, in english)

"Valeriana officinalis", originaria de Europa, una de las hierbas medicinales más utilizadas junto con la Tila y la Pasiflora para casi los mismos remedios. Planta con varios principios activos utilizados con fines farmacéuticos, se utiliza principalmente la raíz y en ocasiones las flores. **No tomar por un periodo superior a 10-12 días.** Se puede combinar con otras plantas de propiedades similares como la Melisa, Pasiflora **(en menores de 12 años no aconsejable),** Manzanilla, etc. Comercializada en hojas secas, preparados en bolsitas, pastillas, además de ser uno de los ingredientes primordiales para la preparación de aceites esenciales. **Contraindicada en embarazadas, lactantes, menores de 6 años, en personas tomando medicamentos sedantes o que afectan al sistema nervioso central.** Incompatible con alcohol, y en conductores **(causa somnolencia).**

- Vasaka, (Malabar nut, in english)

"Justicia adhatoda" o "Adhatoda Vasica", arbusto muy común en todo el subcontinente indio, y ampliamente utilizado en las preparaciones ayurvédicas. Para los remedios curativos se utiliza todo, corteza, flores, raíces y hojas en infusión. Existen preparados en tiendas especializadas. **Los diabéticos la deben de usar con precaución,** puede bajar los niveles drásticamente. **Contraindicada en embarazadas y en menores de 2 años.**

- Vellosilla, (Hawkweed or Mouse-ear hawkweed, in english)

"Hieracium pilosella", también llamada Pilosella, originaria de Europa y Asia, crece bien al sol y en climas secos, suelos arenosos, poco fértiles, pastos, rocas, muros, es bastante ...**Continúa en página siguiente**

... característica, destaca por su llamativo color amarillo. Puede utilizarse entera y seca en forma de infusiones que se prepara vertiendo 10 gr. en 1 litro de agua hirviendo, dejar a fuego lento 10 minutos más. Filtrar y beber dos tazas al día por la mañana y el mediodía. Existen preparadas de tinturas y cápsulas, poseyendo la ventaja de no ser tóxicos, incluso en caso de utilización prolongada. **No se conocen** contraindicaciones, se **recomienda consultar** con el médico o especialista.

- Verdolaga, (Purslane or Verdolaga, in english)

"Portulaca oleracea", originaria de la cuenca del Mediterráneo y zonas de Europa con clima cálido. Conocida desde la antigüedad por sus propiedades terapéuticas, pero la ignorancia hace que se desprecien cosas de enorme valor y en este caso la Verdolaga es considerada por muchos como una mala hierba. Sin embargo, contiene Omega 3, y la convierten en una de las verduras más ricas en estos ácidos grasos esenciales. De hojas en forma de lágrimas, color verde oscuro, tallo entre rojizo y violeta, crece de forma salvaje e incluso en jardines. Se puede consumir fresca en ensaladas u otras presentaciones en crudo. Cocinada salteada o al vapor. Si se opta por su jugo, se recomienda como máximo beber 100 gr. de planta fresca o de 1 a 3 cucharadas que se puede mezclar con agua o Miel **(mayores de 1 año).** En las infusiones para ingerir se utiliza la planta fresca o seca, se cuece durante pocos segundos para que el ácido oxálico no pase al agua, siendo la forma habitual de consumo. También el té de sus semillas. Existe en el mercado **en tintura de alcohol no apta para niños o personas en proceso de deshabituación. No se conocen** contraindicaciones, se **recomienda consultar** con el médico o especialista.

- Verónica, (Heath speedwell or Common gypsyweed, in english)

"Veronica officinalis", trepadora muy común y abundante en los lugares montañosos de Europa y América. Para los remedios se utiliza toda la planta, sin las raíces, normalmente en infusión para uso interno y tópico. Ingerida se recomienda verter 1 cucharadita de postre con **...Continúa**

... las hierbas en ¼ litro de agua hirviendo. Reposar 10 minutos, colar y tomar de 1 a 3 veces al día, tibia. Para uso tópico como enjuagues, gargarismos, cataplasmas, lavados, hervir de 40 gr. por litro de agua durante 10 minutos, colar utilizar. **No se conocen** contraindicaciones, se **recomienda consultar** con el médico o especialista.

- Vid / Uva, (Grapevine / Grape, in english)

"Vitis vinífera", se cree el origen de la uva cultivada en Europa en la región del mar Caspio. Para los remedios cse utilizan las hojas, frutos y el aceite extraído de las semillas. En uso externo resulta muy adecuada lo que se conoce como "agua o savia de sarmiento o de vid roja". Se trata de la savia de la planta que se obtiene en primavera, generalmente en el mes de marzo antes de que salgan las hojas. Se corta una rama tierna y se deja que destile un líquido a través del corte y recoger en un vaso bien limpio. **No utilizar** formas de dosificación **con contenido alcohólico en menores de 6 años ni personas con problemas etílicos. No se conocen** contraindicaciones, se **recomienda consultar** con el médico o especialista.

Descripciones de plantas letras Y - Z

- Yerba santa

- Zanahoria
- Zarza o Zarzamora

- Yerba santa, (Mexican pepperleaf, in english)

"Piper auritum", originario de Mesoamérica, la hoja tiene forma de corazón, es aromática, sabor dulce y algo picante. Se emplea en infusión, si se desea endulzar, ver los edulcorantes. En cataplasmas y en tintura. También se suele agregar en pequeños trozos a ciertos tamales. **Consultar con el médico o especialista antes de usar por: embarazadas, lactantes, menores de 6 años, y pacientes con enfermedad renal o hepática grave.**

- Zanahoria, (Wild carrot, in english)

"Daucus carota", hortaliza originaria de Europa, es muy segura de consumir, cruda o cocinada. **Existen casos que puede generar algunos efectos secundarios,** pocos y de ninguna manera peligrosos, como diurético leve. **Contraindicado en personas que tomen fármacos diuréticos, podría incrementar el efecto, tampoco personas con indigestiones, al tener propiedades digestivas que facilitan los procesos digestivos, en personas con indigestión puede incrementar los síntomas.**

- Zarza o Zarzamora, (Blackberry plant or Elm leaf blackberry, in english)

"Rubus fruticosus" arbusto espinoso conocido planta muy invasiva, originaria de Europa, norte de África y sur de Asia. Su fruto, la mora, es de diversos colores determinan el grado de maduración (verde, rojo y negro, respectivamente). La planta presenta al mismo tiempo la floración y los diversos grados de maduración del fruto, hecho inusual en otras plantas, incluso las hojas están verdes durante todo el año. Para usos medicinales se utilizan las hojas, los botones florales, los frutos y, en menor medida la raíz, existen comprimidos liofilizados. **No se conocen** contraindicaciones, se **recomienda consultar** con el médico o especialista.

Bibliografía

La Bibliografía para la realización de este monográfico es parte de la empleada en el libro 8256 Remedios Naturales, quiero hacer una mención especial a las siguientes fuentes:

- **Atlas de las Plantas de la Medicina Tradicional Mexicana**
- **Diccionario botánico de nombres vulgares cubanos, Carlos A. Martínez Bayón.**
- **Dioscórides, Plantas y Remedios Medicinales (De Materia Médica), Libros I-III, Editorial Gredos, Traducción y notas por Manuela García Valdés**
- **El Gran Libro de las Plantas Medicinales, M. Palow**
- **Enciclopedia Everest de plantas medicinales**
- **Revista Agrotécnica de Cuba, se mencionan independientemente cada planta a través de EcuRed**

Índice General